Karl Heinz Hanisch

Rosen

*Schöne Wild- und Edelrosen
für jeden Garten*

40 Farbfotos
40 Schwarzweißfotos und Zeichnungen

Verlag Eugen Ulmer Stuttgart

ISBN 3-8001-6054-4

© 1973 Eugen Ulmer, Stuttgart, Gerokstraße 19
Printed in Germany
Umschlagentwurf: H. G. Lechler, Stuttgart
mit einem Foto von W. Fürstenberg, Hamburg
Satz und Umbruch: IBV Lichtsatz KG, Berlin
Druck: W. Kohlhammer GmbH, Stuttgart

Vorwort

Ganz in meiner Nähe sind die Dörfer der Ortenau. Es ist eine hügelige Landschaft an der Badischen Weinstraße zwischen dem Schwarzwald und der Rheinebene. Überall ist in jedem Jahr ein Rosenflor zu beobachten, wie er überschwenglicher nicht sein kann. Niemals habe ich dort Mehltau oder Sternrußtau entdeckt, geschweige denn den Rost. Einige Bauern und Winzer habe ich nach den Rosen gefragt. Gespritzt werden sie überhaupt nicht. Gelegentlich wird daran gedacht, den Rosen etwas von dem Dünger der Feldpflanzen abzugeben. Weggeschnitten wird im Winter, was an zu langen Trieben hinderlich ist. Vom Rosenschnitt, wie ihn unsere Stadtgärtner praktizieren, um an möglichst niedrige Farbflächen zu kommen, hat keiner eine Ahnung. Deshalb blühen viele Rosen auch schon im Mai. Ein Buch über Rosen wurde nie gelesen, und das ist auch für die Zukunft nicht erforderlich.
Alle diese Rosen stehen in einem tiefgründigen, lehmhaltigen Boden. Alle diese Rosen haben rings um sich her viel Helligkeit. Oftmals wird das Licht noch von den weißverputzten Häusern reflektiert. Alle diese Rosen stehen während der längsten Zeit des Tages in voller Sonne. Alle diese Rosen werden vom Wind umweht, es mangelt ihnen zumindest niemals an frischer Luft.
Woanders ist es in den Gärten längst nicht so ideal. Trotzdem möchte man auf Rosen nicht verzichten. Auch bei mir ist das der Fall. Denn ich habe einen Boden, der aus Buntsandstein entstanden ist; er steht bei Rosen nicht hoch im Kurs. Auch sind in meiner Gartenerde zuviel freie Säuren. Die pH-Zahl wurde mit 5,4 gemessen; es wird noch zu erklären sein, was es damit auf sich hat. Der Gärtnersmann muß sich also bemühen, seinen Rosen mit List und Liebe dasjenige zu geben, was ihnen der vorhandene Boden und andere ungünstige Umstände vorenthalten. Was ich bei diesen Bemühungen beobachtet, erfahren und – manchmal vielleicht sogar falsch – gedacht habe, das habe ich in diesem Buch aufgeschrieben.
Anfangs schien es mir recht einfach, über Rosen zu schreiben. Doch als ich damit begonnen hatte, stolperte ich von einem Schrecken über den anderen. So recht aufgegangen sind mir die Schwierigkeiten, als ich in Frankreich einen Strauch der berühmten 'Gloria Dei' sah. Dieser Strauch war über zwei Meter hoch und ebenso

breit. Wir wissen ja überhaupt nicht, so waren meine Gedanken, was alles in unseren Rosen steckt. Als dann in meinem Garten die neuangepflanzten Centifolien, Moosrosen und Damascener erblühten, war ich vollends verwirrt. Zumindest müßte in einem Rosenbuch doch eine Ahnung von diesen Herrlichkeiten vermittelt werden. Nur eben wachsen diese Urrosen des Abendlandes ganz anders als ihre heutigen Nachfahren. Wenn bei ihnen in diesem Jahr eine lange Rute aus dem Boden wächst, dann stellen sich die Blüten erst im nächsten Jahr ein. Nur bei der Damascener ist es etwas anders, aber das kommt ja alles noch. Sodann brachten mich die uneinheitlichen Bezeichnungen in den Katalogen der Rosengärtner ganz durcheinander. Weshalb eigentlich, so fragte ich mich, heißt es Strauchrose und nicht Rosenstrauch? Dann gibt es die Abteilung der Park- und Moosrosen. Auch die *Rosa moyesii* 'Marguerite Hillings' befindet sich in dieser Abteilung. Da es sich mitnichten um eine Moosrose handelt, kann es nur eine Parkrose sein. Ich habe aber keinen Park, und die Rose steht dennoch in meinem Garten; es ist im übrigen ein Wunder von Rosenstrauch. Und was versteht man eigentlich unter Beetrosen, fragte ich mich weiter, da die 'Gloria Dei' doch zu einem zweimeterhohen Busch heranwachsen kann? In einem Züchterkatalog wird die Sorte 'Schneewittchen' als reinweiße Beetrose mit einer Höhe von 80 cm angeboten. Weiter vorn steht in diesem Katalog dasselbe 'Schneewittchen' auch als Strauchrose in Meterhöhe verzeichnet. Im Rosengarten der Gönneranlage von Baden-Baden ist 'Schneewittchen' aber gut und gern anderthalb Meter hoch. Der Wirrwarr von Floribunda und Edelrosen – als ob die 'Queen Elizabeth' nicht auch in ihrer Eigenschaft als Floribundarose von Adel, also edel wäre – hat mir viel zu denken gegeben. Um nun nicht auch noch den Leser zu verwirren, habe ich mich um eine recht einfache Gliederung des Inhalts bemüht.
Ich möchte dieses Vorwort mit dem Gedanken an meinen Freund Oskar Scheerer beenden. Vieles von der Rosenliebe unserer Zeit ist auf ihn, seine stille Eindringlichkeit, seine Poesie und seine echte Gärtnerschaft zurückzuführen. Die handgeschriebenen Texte dieses Buches hat Oskar Scheerer noch vor seinem Tode im Januar 1971 gelesen.

Baden-Baden, Frühjahr 1973   Karl Heinz Hanisch

Inhalt

5 *Vorwort*

11 *Keine Rose ohne Dornen?*
Mit den Rosen ist es eigentlich ganz einfach / Mit Stacheln, Blättern, Blüten, Wohlgeruch und Hagebutten ist die Rose ein Strauch, der am jungen Holz blüht und sich ständig verjüngt / Die Stacheln / Die Blätter / Die Blüten / Die Blütenformen / Die Blütenfarben / Der Rosenduft / Die Hagebutten / Blüten am jungen Holz / Dauerndes Verjüngen

19 *Unsere Wünsche an die Rosen*
Wildrosen / Spielarten der Wildrosen / Rosen als Zaun und als Hecke / Kletterrosen / Strauchrosen / Naturhaft wirkende, edle Rosen / Polyanthas und Floribundas / Teehybriden / Rosen-Kronenbäumchen und kletternde Edelrosen / Rosen aus uralten Zeiten / Rosengarten auf dem Balkon / Rosenblüte noch im Winter

24 *Die Wünsche der Rosen an uns*
Ein Rosenstrauch braucht viel Platz / Zum Wachsen und Blühen ist viel Licht nötig / Ein luftiger Standort wäre gut / Vor allem muß der Boden tiefgründig sein / Nicht ganz Lehm und nicht ganz Sand / Humus aus der Tüte / Auch Dünger muß sein

33 *Was gibt es für Rosenarten und was läßt sich im Garten damit anfangen?*

34 *Zuweilen sehr groß werdende Rosensträucher, die nur einmal im Jahr blühen*
Wildrosen, die aus Samen herangezogen werden / Wildrosen und ihre Spielarten, die aus Veredlungen oder auch aus Wurzelausläufern und Stecklingen herangezogen werden / Kurze Unterbrechung / Weitere, teilweise recht groß werdende Rosensträucher

47 *Zuweilen sehr groß werdende Rosensträucher, die mehrmals im Jahr blühen*

53 *Kletterrosen*
Kletterrosen, die nur einmal im Sommer blühen / Kletterrosen, die öfter im Sommer blühen / Die öfterblühenden Kletterrosensorten der Rosa kordesii

67 *Sommerlang blühende Rosenbüsche, die niedriger bleiben*
Die drei Gruppen / Was heißt schon Edelrose / Auch bei den Rosen geht es nach der Mode / Rosen im Rosarium und Rosen im Hausgarten sind nicht dasselbe / Teehybriden / Floribundarosen / Polyanthahybriden

88 *Rosensorten aus der guten alten Zeit*

92 *Rosensorten mit gefüllten kleinen Blüten, besonders gut für Blumentöpfe*

94 *Rosenauswahl: Überall die Augen offen halten*
Rosen auf Ausstellungen / Gartencenter / Baumschulkataloge / Versuche im Garten / Verein deutscher Rosenfreunde

101 *Die Bestellung in der Baumschule*
Güteklassen / Ersatzlieferung / Beste Zeit / Pflanzung im Herbst / Pflanzung im Frühjahr / Bestellung in Versandgeschäften / Direktkauf von Rosenpflanzen / Die bestellten Pflanzen kommen an

107 *Die Rosen werden gepflanzt*
Sommer / Grundsätzliches über die Pflanztiefe / Was wird bei der Pflanzung im Herbst und Winter anders gemacht als im Frühjahr / Werden die Wurzeln beschnitten / Was geschieht mit dem Namensschild / Wie geht das Einpflanzen vor sich / Pflanzung von Kletterrosen / Pflanzung von Hochstämmen / Wie lange bleiben die Rosen angehäufelt / Was geschieht nach dem Abhäufeln

118 *Die Rosen treiben aus*
Aber die Blätter sind ja rot / Allmählich nehmen die Blätter eine grüne Farbe an / Die Rosen müssen gewässert werden / Achtung Pilze / Blüten und Hagebutten abschneiden

129 *Was geschieht mit den Rosen im Herbst?*
Das Wachstumstempo wird gedrosselt / Anhäufeln, aber richtig / Im Februar geht es gegen Sonne und Wind / Hochstammrosen mit Stroh im Kopf / Ein Wintermantel aus Nadelholzzweigen

133 *Ein Schema für den Rosenschnitt gibt es nicht*
Mit Köpfchen schneiden / Wie wächst eine Rose / Wie blüht eine Rose / Die Rose ist von ihrer Natur her ein Strauch / Sie kann aber auch als Beetblume gepflanzt werden / Warnung vor enger Pflanzung / Schneiden im Frühjahr / Praxis des Schneidens / Keine Zapfen belassen / Wie stark wird geschnitten / Schnittblumen oder Blütensträucher / Entspitzen / Schnitt im Sommer / Kletternde Edelrosen schneiden / Schnitt der Kletterrosen

150 *Die Vermehrung und Veredlung der Rosen im Garten*
Aussaat kommt kaum in Frage / Steckhölzer bewurzeln sich / Ausläufer / Okulation

155 *Blühende Rosen zum Frühlingsbeginn*

157 *Schlußwort*

158 *Rosengärten*

159 *Rosenbücher*

160 *Bildquellen*

Keine Rose ohne Dornen?

Mit den Rosen ist es eigentlich ganz einfach

Der erfolgreiche, weltberühmt gewordene Rosenzüchter Wilhelm Kordes schrieb einmal in Erinnerung an die Zeit vor fünfzig Jahren: »Was würden die Rosenliebhaber der damaligen Zeit erst sagen, sähen sie die modernen Polyantha-Hybriden und Floribunda-Rosen, die in den heutigen Gärten blühen und so kräftig wachsen wie damals die Quecken! Ja, die Rosenfreunde von heute leben in einer großen Zeit. Aus der Rose von einst, die Hege und Pflege, Liebe und Miterleben verlangte, ist eine Allerweltspflanze geworden. An Ausdauer und Bedürfnislosigkeit nimmt sie es noch mit den schlimmsten Unkräutern auf.«

Nach diesem Zitat erübrigt es sich eigentlich, ein Buch über den Umgang mit Rosen zu schreiben. Wenn Rosen so bedürfnislos wie Unkräuter sind, dann bedarf es doch keiner Worte mehr! Tatsächlich kann man auch, oberflächlich betrachtet, Wilhelm Kordes nicht widersprechen. Es ist keine Schwierigkeit, die Rosen des Hausgartens mit Nadelholzzweigen oder durch Anhäufeln von Erde vor den Gefahren des Winters zu schützen. Bevor die Erde im März abgehäufelt wird, streut man je Quadratmeter eine Handvoll Dünger aus, etwa Nitrophoska blau. Die gleiche Düngung erfolgt noch ein zweites Mal, wenn Anfang Juli der erste Flor vorüber ist. Da man vor pilzlichen Erkrankungen – Mehltau und Sternrußtau – nie ganz sicher ist, werden die Rosen ab Anfang Juni regelmäßig alle zehn Tage gespritzt oder bestäubt. Fertige und erprobte Präparate dafür gibt es in jedem Fachgeschäft. Kleine Spritzen sind billig und einfach zu handhaben. Zum Stäuben genügt ein Perlonstrumpf. Auch das Beschneiden der modernen Rosen, wie sie für den Hausgebrauch gepflanzt werden, ist keine Kunst. Fast alle Sorten haben die Eigenschaft, unaufhörlich von Juni bis in den späten Herbst hinein zu blühen. Wenn der erste Flor vorbei ist, dann treiben sie aus darunter sitzenden Knospen wieder durch. Je mehr Sträuße geschnitten und je fleißiger die am Strauch welkenden Blumen entfernt werden, um so reicher der nachfolgende Flor.

Es stimmt, was Wilhelm Kordes geschrieben hat. Es muß jemand schon arg ungeschickt sein, wenn richtig und an richtiger Stelle gepflanzte Rosen in einem Garten nicht wachsen. Ich habe vor ein paar Jahren ein kleines Gewächshaus gebaut. Dabei mußten drei bereits ältere Stöcke der als Büsche gewachsenen Kletterrose

'New Dawn' ausgerodet werden. Damit das Ausgraben leichter vonstatten ging, sind zuvor die stacheligen, dicken und völlig verholzten Triebe abgesägt worden. Die Stubben mit den Wurzeln, die teilweise mit der Axt abgehackt und mit der Kreuzhacke aus dem Boden herausgewuchtet worden sind, flogen seitwärts ins Gebüsch. Eigentlich sollten die Wurzelstubben auf den Feuerhaufen geworfen werden. Doch gerieten sie im dichten Buschwerk in Vergessenheit. Die Rosen dachten aber gar nicht daran, ihren Geist aufzugeben. Ohne eingepflanzt worden zu sein, bohrten sie neue Wurzeln in den Boden. Und wenn sie in dem Schatten ihrer Vergessenheit auch nicht gewachsen sind, so blieben sie doch drei Jahre hindurch am Leben.

Dennoch muß man das Zitat von Wilhelm Kordes etwas tiefer durchdenken. Denn Unkraut, das ist ein ungenauer, auf sehr verschiedene Weise auslegbarer Begriff. Für den Bauern ist die Kornblume im Getreide ein Unkraut, aber bei mir im Garten ist es eine Blume, die im Frühjahr eigens ausgesät wird. Der Löwenzahn in meinem Rasen wird als Unkraut beschimpft, doch mein Nachbar baut ihn zur Salatgewinnung auf Beeten an. Vom Unkraut sagt man auch, es sei eine Pflanze am falschen Platz. Das Eigenartige an diesen Kräutern ist aber nicht nur, daß man sie schwer wegbekommt. Man kann ebenso wenig eine Mischung von Unkrautsamen aussäen und dann des Glaubens sein, sie würden alle keimen und wachsen. Nur diejenigen Arten von ihnen werden Wurzeln fassen und zeitweilig im Garten bleiben, denen der Boden und die sonstigen Umstände zusagen. Ebenso ist es auch mit den Rosen. Es ist nicht gar so schlimm, gewiß nicht. Aber man kann auch Rosen pflanzen, und sie wachsen nicht, selbst wenn man sie täglich in sein Nachtgebet einschließt.

Mit Stacheln, Blättern, Blüten, Wohlgeruch und Hagebutten ist die Rose ein Strauch, der am jungen Holz blüht und sich ständig verjüngt

Unser Blütenstrauch gehört zur Pflanzenfamilie der Rosengewächse, von den Botanikern als *Rosaceae* bezeichnet. Innerhalb dieser Familie ist die Gattung *Rosa* mit mehreren hundert Wildarten vertreten. Eine Eigenheit sämtlicher Rosenarten ist die Hagebutte. Sie entsteht aus dem rundlichen oder krugförmigen Blütenbecher, der die zahlreichen Fruchtblätter umschließt.

Die Stacheln

Fast alle Rosenarten haben Stacheln. Sie wachsen an den jungen Stämmen, an den Mittelrippen der Blätter und an den Blütenstielen. Man kann bei seitlichem Druck

die Stacheln abbrechen. Daran ist zu erkennen, daß es sich botanisch nicht um Dornen handelt, die nämlich aus dem Holz herauswachsen. Wahrscheinlich sind die Stacheln ein Schutz gegen Tierfraß. Zuweilen werden die Stacheln aber auch als Haken benutzt. Rosen sind sehr lichtbedürftig. Oft muß eine Rose in der freien Natur, von anderen Pflanzen bedrängt, dem Licht nachwachsen. Die Stacheln geben den langen Trieben dann eine gute Möglichkeit, sich beispielsweise an der Borke von älteren Bäumen festzuhalten. Die Bewehrung mancher Rosenart mit besonders vielen und scharfen Stacheln läßt sich vortrefflich zur Einfriedigung von Gärten nutzen. So kommt durch eine eingewachsene Hecke der *Rosa rubiginosa* weder ein Hund noch eine Katze in den Garten. Stacheln können aber auch, zumal an jungen Rosentrieben, wunderschön aussehen. Am berühmtesten ist die *Rosa omeiensis* f. *pteracantha* mit ihren breitlappigen Stacheln, die im Jugendstadium blutrot durchleuchtet sind. Von Schnittrosen werden die Stacheln vielfach entfernt, um die Aufnahmeflächen für das Wasser größer zu machen. Wenn jedoch wenige Rosen in ein durchsichtiges Glas gestellt werden, dann sollte man ihnen die Stacheln belassen, weil das sehr viel reizvoller aussieht. Es ist ja gerade das Widersprüchliche, was an Rosen immer wieder begeistert. Zu Farbe, Fülle und Duft der Blüte gehören einfach die harten, wehrhaften Stacheln an ihren Stielen.
Daß es auch Rosenarten fast und gänzlich ohne Stacheln gibt, was beispielsweise bei der in den Alpen heimischen *Rosa pendulina* der Fall ist, mag als die übliche Ausnahme von der Regel gelten.

Die Blätter

Die Blätter der Rosen sind unpaarig gefiedert. An der zumeist recht harten, drahtigen Mittelrippe mit einem Blatt an ihrem Ende stehen sich zwei, vier und auch mehr zumeist gesägte Blättchen gegenüber. Außerdem haben die Rosen je zwei Nebenblätter am Grund der Blattstiele, die in ihrer ganzen Länge mit der Mittelrippe verwachsen sind. Alle in Europa heimischen bzw. in vorgeschichtlichen Zeiten aus dem Orient eingewanderten Rosen werfen im Herbst ihr Laub ab. Wenn unsere Gartensorten zuweilen auch im Winter noch ihre Blätter haben, so ist das auf die Einkreuzung asiatischer, im dortigen Klima immergrüner Rosen zurückzuführen. Das ist einmal die Teerose, *Rosa odorata*, und das ist zum anderen die Bengalrose, *Rosa chinensis*. Aber auch die ostasiatische *Rosa wichuraiana* behält im Winter ihr Laub. Daher kommt es, daß beispielsweise unsere Kletterrose 'New Dawn', die durch Einkreuzung der Wichuraiana-Rose entstanden ist, über Winter grün bleibt. Je mehr Blätter ein Rosenstrauch hat, um so mehr Stoffe kann er mit Hilfe des

Lichtes verarbeiten und desto reicher wird sein Flor. Sinn jeglicher Arbeit im Rosengarten ist im Grunde eine möglichst reiche Belaubung jedes Strauches und die Abwehr aller Schädlinge und Krankheiten, die das Blattgrün gefährden können.

Die Blüten

Die Blüte der Rosen hat einen krugförmigen Blütenboden mit zahlreichen Fruchtknoten, die jeweils nur ein Fruchtblatt und eine Samenanlage haben. Allen Rosen gemeinsam sind fünf Kelchblätter und – in der Grundveranlagung – fünf Blütenblätter. Bei vielen Rosen haben sich jedoch im Laufe der Zeit auch Staubblätter in Blütenblätter umgebildet. Am berühmtesten von diesen »gefüllten« Rosen ist die Centifolie, deutsch die Hundertblättrige. Viele Blütenblätter haben ebenso die *Rosa damascena*, die *Rosa gallica* und die *Rosa × alba*. Bei ihnen weiß man wie bei der Centifolie nicht ganz genau, ob es sich um Ur-Rosen der Schöpfungsgeschichte handelt, oder ob sie durch Zufallskreuzungen in vorgeschichtlichen Zeiten durch menschliche Beeinflussungen entstanden sind. In der Botanik werden alle diese Rosen als Arten der Gattung *Rosa* geführt. Aber auch bei den unbestreitbaren Wildarten gibt es mehr oder weniger gefüllte Blütenformen, wie beispielsweise bei der bekannten *Rosa rugosa*. Sofern bei Gartenrosen nur die Mindestzahl von fünf Blütenblättern vorhanden ist, wird die Blüte als einfach bezeichnet. Die Übergänge zu »halbgefüllt« und zu »gefüllt« lassen sich in Zahlen nicht ausdrücken.

Die Blütenformen

Auch die Formen der Blüten sind recht verschieden. Es gibt Rosen, deren runde Blütenform bereits an den Knospen zu erkennen ist. Fast alle älteren Rosensorten haben diese rundliche Form, in den Blüten scheinen die einzelnen Blätter fest ineinander gedreht zu sein. Da aber besonders bei Schnittrosen der kaum oder halbgeöffneten Knospe viele Reize abgewonnen werden, strebt man bei ihnen etwas schlankere Formen an. Und ebenso unterschiedlich wie die Formen sind die Größen der Blüten. Die 'Orange Triumph' ist allenfalls so groß wie eine Kastanie, während die vollerblühte 'Gloria Dei' kaum auf einen Dessertteller paßt.
Ebenso vielgestaltig sind die Zusammensetzungen der Blütenstände. Es gibt Rosen, die am Ende des langen Stiels nur eine einzige Blüte tragen. Bei den meisten Arten verzweigt sich dieser Stiel, und weil die Blüten der Verzweigungen mehr oder weniger halbkugelig auf gleicher Ebene stehen, spricht man von einer Doldentraube. Verzweigen sich die Verzweigungen abermals, so entsteht eine Rispe. Vielfach haben die Blütenstände von Rosen überhaupt keine erkennbare Mittelachse. Wenn

viele Blüten mit mehr oder weniger gleichlangen Stielen aus einem Punkt herauswachsen, dann haben wir es mit einem Büschel zu tun.

Die Blütenfarben

Die Farben der Rosen reichen von reinem Weiß über alle Nuancierungen des Gelb und Rot bis zu jenen aus Rot und Blau gemischten Farbtönen, die man als Mauve bezeichnet. Am bekanntesten von allen Sorten dieser umstrittenen Rosenfarbe wurden die Sorten 'Sterling Silver' und 'Mainzer Fastnacht'. Besonders beständig sind die gelben Farbtöne, weil sie von festen Farbkörpern in den Blütenblättern herrühren. Dagegen wird die rote Farbe von einem Farbstoff erzeugt, der gewissen Veränderungen in den Zellsäften unterworfen ist. So kommt es vor, daß eine Rosenknospe rot ist, während sich die Blüte allmählich rosa verfärbt. Auch das Verblauen mancher älteren Rosensorte hängt damit zusammen.

Der Rosenduft

Steht der Rosenduft mit den Blütenfarben beziehungsweise mit den Farbveränderungen im Zusammenhang? Man kann es meinen. Eine soeben erblühte rote Rose duftet – wenn überhaupt – stärker als später, wenn sie voll erblüht ist. Dagegen ist der Duft von gelben und von rosa Rosen beständiger, und es sind gerade die blaßblütigen gelben und rosa Wildarten, die am stärksten duften. Das ist beispielsweise bei der gelben oder rosa Teerose aus China der Fall, ebenso bei der weißen Moschusrose und bei der gewöhnlich rosafarbigen Centifolie, besonders aber bei der urältesten Duftrose, die mit der Sorte 'Tringintipetala' noch heute in Rußland und auf dem Balkan felderweise zur Ölgewinnung angebaut wird, der *Rosa damascena*. Es scheint so, als habe auch der Boden und die Art und Weise der Düngung gewisse Einflüsse auf den Rosenduft. Wichtig ist immer die jeweilige Temperatur, wird doch der Duft von einem Öl hervorgebracht, das sich bei Wärme leichter verflüchtigt, als wenn es kalt ist. Es stimmt, daß die moderne, nach dem Begehr der meisten Menschen vornehmlich rot und in dichten Büscheln blühenden Rosensorten weniger duften als die Gartenrosen noch vor 40 Jahren, die dafür andere Nachteile hatten. Ganz und gar verallgemeinern darf man das aber keineswegs. Rote Rosen wie 'Crimson Glory' oder die neuere 'Duftwolke', deren große, gefüllte Blüten in Massen hervorgebracht werden, haben wirklich einen starken Wohlgeruch.

Die Hagebutten

Nach dem Flor entwickeln sich die Fruchtknoten zu kleinen Nüßchen, also zu Samen, aus denen im folgenden Jahr eine neue Rosenpflanze heranwachsen kann. Diese Früchte bleiben von dem weiterwachsenden Blütenboden umhüllt, der Hagebutte, die der Botaniker eine Sammelnußfrucht nennt. Die Mannigfaltigkeit der Formen und Farben der Hagebutte macht vor allem manche Wildrosenart im Herbst sehr reizvoll. Hierzu gehören vor allem die *Rosa moyesii* und die *Rosa rugosa*, deren auch für Marmelade verwertbare Hagebutten zu dem Namen Chinesische Apfelrose geführt haben.

Allen Wildrosen und allen Rosensträuchern, die in der Regel nur einmal im Sommer blühen, sollte man die Hagebutten belassen. Wenn die Früchte auch nicht durchweg eine auffallende Zierde darstellen, so wollen doch die Vögel etwas zu fressen haben. Anders ist es bei den modernen Gartenrosen, die fast durchweg in der Lage sind, mehrmals im Sommer zu blühen. Das im Juli abgeblühte Holz entwickelt aber nur dann einen weiteren und einen dritten reichen Flor, wenn das eigentliche Daseinsziel der Rose, Samen für die Nachkommenschaft auszubilden, verhindert wird. Man muß also die verblühten Blumen abschneiden, was im übrigen in dem Kapitel über den Rosenschnitt noch näher erläutert wird.

Blüten am jungen Holz

Die Rose ist ein Strauch, zu dessen Eigenarten es gehört, an den jungen Verzweigungen des Holzes zu blühen, das im Jahr zuvor gewachsen ist. Diese Verzweigungen bilden sich aus Knospen heraus, die unmittelbar über den Narben der abgefallenen Blattstiele sitzen. Je höher sich diese Knospen (Augen) befinden, um so zeitiger treiben sie aus und um so eher erfolgt der Flor. Alle heimischen und seit Jahrtausenden im Abendland heimisch gewordenen Rosen haben diesen Lebensrhythmus. Das keimende Samenkorn läßt eine dünne Rute aufwachsen, und an den kurzen Verzweigungen dieser Rute erscheinen im nächsten Jahr die Blüten.

Anders ist es bei der im 18. Jahrhundert aus China gekommenen Bengalrose, der *Rosa chinensis*. Diese Rose blüht bereits im ersten Jahr an den Enden der aus dem Boden gewachsenen Triebe. Durch Einkreuzung der Bengalrose seit etwa 200 Jahren haben unsere Gartenrosen fast ausnahmslos die Fähigkeit bekommen, ebenso am Ende einjähriger Sprosse zu blühen. Auf das Zusammenwirken beider Eigenarten – Blüten an den Verzweigungen des alten Holzes und wenig später an den Enden der Verjüngungstriebe, die aus der Basis des Strauches herausgewachsen sind – ist der Reichtum unseres Rosenflors von Mai bis Oktober zurückzuführen.

Rosa rugosa, hagebuttenreiche Apfelrose

'Conrad Ferdinand Meyer', duftende Blüten

Rote, gefüllte Sorte der Rosa rugosa

Rosa rugosa 'Alba', Apfelrose in Weiß

Eine zugleich blühende und erneut Knospen treibende Floribundarose, deren Flor den ganzen Sommer währt.

Der Reichtum wird noch vermehrt, wenn das alte Holz immer wieder zum Durchtreiben gereizt wird, indem wir die Ausbildung von Hagebutten verhindern.

Dauerndes Verjüngen

Eine weitere Eigenart des Rosenstrauches, sofern er auf eigenen Wurzeln steht, ist seine ständige Regenerationskraft. Jeder Hundsrose (*Rosa canina*) ist anzusehen, wie sie Jahr für Jahr neue Ruten aus dem Boden wachsen läßt, während das alte Holz im Inneren des Strauches abstirbt. Auch bei tiefgepflanzten Rosensträuchern im Garten, die sich durch Eigenbewurzelung allmählich von der Wildlingsunterlage freimachen, auf die sie veredelt sind, ist diese Beobachtung zu machen. Ob es aber hinsichtlich der Winterfestigkeit gut ist, Beetrosen ohne Veredlungsunterlage mit eigenen Wurzeln wachsen zu lassen, das bleibt vorläufig eine Frage, auf die es keine genaue Antwort gibt.

Unsere Wünsche an die Rosen

Große Wirkungen mit wenig Geld: Wildrosen

Jemand baut sein Eigenheim. Das Haus ist bald da und alles Geld ist weg. Der künftige Garten liegt an einem Berghang, viel Steine gibt's und wenig Humusboden. An einen sichernden Drahtzaun ist einstweilen der Kosten wegen nicht zu denken. Auch Ziergehölze für Buschgruppen sind zu teuer, die das große und kahle Gelände gliedern und heimelig machen sollen. Sofern das Grundstück groß genug ist, daß eine Grenzhecke mit dem Durchmesser von drei Metern noch nicht beengend wirkt, helfen die Rosen aus. Der Gärtnersmann stellt sich allerdings darauf ein, in fünf Jahren das Geld für abgebrochene Spaten und Kreuzhacken sowie die Kraft aufzubringen, einige der zu groß gewordenen Büsche wieder auszuroden. Auch wird er sich bis dahin soweit erholt haben, daß er die robusten Pioniere seiner ersten Gartenzeit durch eine verwöhntere, vornehmere Leibgarde ablösen lassen kann. Zunächst jedenfalls kann er mit wenigem Geld und in kürzester Zeit die besten Wirkungen erwarten, wenn er Wildrosen pflanzt. Das sind Rosen mit zuweilen geradezu ungebärdiger Kraft. Außerdem flechten sie mit ihren stacheligen Zweigen einen Drahtverhau um den Garten, daß selbst Hunde abgeschreckt werden und Katzen bald an die nistenden Vögel nicht mehr herankommen. Die *Rosa multiflora* beispielsweise wird in Amerika an abschüssigen Böschungen oder Autostraßen gepflanzt, damit von der Bahn abkommende Kraftwagen so gut wie möglich aufgefangen werden.

Wenn die Grenzbepflanzung nicht für ewige Zeiten sein soll, würde ich allerdings keine Wildrosen pflanzen, die mit der Untergrundbewegung ihrer Wurzelausläufer zu wandern anfangen. Das tut in besonderem Maße die *Rosa virginiana*. Dagegen sind diese Wanderer, weil sie einen Boden allmählich mit dem zähen Netz ihrer Ausläufer und jungen Sträucher verflechten, hervorragend für die Befestigung von Steilhängen geeignet.

Mit dem geringsten Aufwand an Zeit und Bemühungen läßt sich desgleichen mit Kletterrosen ein Dschungel in den Garten zaubern. Man muß die Pflanzen nur frei in den Raum stellen, daß sie sich nach allen Seiten entfalten können. So beansprucht beispielsweise die Sorte 'Flammentanz' in meinem Garten innerhalb von drei bis vier Jahren den Lebensraum eines ausgewachsenen Pflaumenbaums.

Etwas kostbarer: Spielarten der Wildrosen

Nun ist der Garten vielleicht nicht gar so groß. Es könnte befürchtet werden, man werde bei Verwendung von Wildrosen bald in einem Labyrinth leben. Da für einen mittleren Garten etwas weniger Sträucher gebraucht werden, fallen die geringen Mehrkosten für Pflanzen kaum ins Gewicht, die bereits den ersten Schritt aus der Wildbahn in die Kulturwelt hinter sich haben. Es sind Rosensträucher, die man dem Sinne nach durchaus als Edelrosen bezeichnen könnte. Denn fast durchweg sind es Züchtungen, die durch Veredlungen vermehrt werden. Für höhere Hecken kommen vor allem die Sorten von *Rosa rubiginosa* in Frage.

Einfriedung: Rosen als Zaun und als Hecke

Höhe verschluckt viel Raum. Für einen kleinen Garten oder für einen Vorgarten sollen also – weil es auf alle Fälle billiger ist als ein Zaun – manierlich bleibende Rosen angepflanzt werden. Das geht einmal mit Kletterrosen, die jedoch an Latten oder Drähte gebunden werden müßten. Es gibt aber auch Rosensträucher, die sich ohne derlei Hilfen für diesen Zweck eignen. Am schönsten sind die verschiedenen Sorten der *Rosa rugosa*.

Typische Remontantrose einer unbekannten Sorte   *Rosa centifolia 'Muscosa Malvine'*

Wüchsige, öfterblühende Strauchrose 'Hansa'   *Strauchrose 'Conrad Ferdinand Meyer'*

Hoch hinaus: Kletterrosen

Wir wünschen uns, daß Rosen an Drähten oder Holzspalieren eine Hauswand erklettern. Vielleicht ergibt sich die Möglichkeit für den Bau einer Pergola, und eine rosenumrankte Laube wäre ebenfalls ganz nett. Hierfür stehen viele Kletterrosen zur Verfügung. Es gibt strauchige Kletterrosen mit daumendicken Langtrieben bis zu vier und fünf Metern. Wenn die Kletterer besonders hoch gehen und sich um die Rundungen einer Laube schmiegen sollen, dann nimmt man Sorten mit einem mehr anschmiegsamen, kriechenden Wuchs. Dabei handelt es sich stets um Kletterrosen, die aus einer *Rosa wichuraiana* hervorgegangen sind. Am höchsten von den in Baumschulen angebotenen Sorten wächst die 'Gerbe Rose' mit dem Geburtsjahr 1902.

Riesensträucher mit gefüllten Blüten: Strauchrosen

Es sollen Rosensträucher mit großen, gefüllten Blumen als mannshohe und höhere Prachtstücke im Garten stehen. Es gibt für diese Solitärs geeignete Plätze am Rand des Gartens, im lichten Schatten hoher Obstbäume oder am Rande von Pflanzungen mit Blütengehölzen. Hierfür kommen Arten und Sorten in Frage, die gewöhnlich unter der Bezeichnung »Strauchrosen« geführt werden. Doch wenn schon denn schon: es gibt nichts Großartigeres für diese Zwecke als die modernen, mehrmals im Sommer blühenden Sorten der sogenannten »Öfterblühenden Strauchrosen«, die im Züchtergarten von Wilhelm Kordes entstanden sind.

Höhepunkte im Blütengarten: naturhaft wirkende, edle Rosen

Es sollen für eine Rabatte oder für einen ganzen Blütengarten alle Register der Flora gezogen werden. Wenn die Iris blüht, wenn hinterher der Rittersporn seine blauen Blütentürme aufrichtet und wenn das *Helenium* im Sommer duftet, dann sollen dazwischen oder dahinter auch kräftige Blütenbüsche von Rosen stehen. Der etwas anspruchsvollere Gärtnersmann wird für diesen Zweck stets Rosen auswählen, die in Wuchsform und Blütenform trotz aller Kreuzungen, aus denen sie entstanden sind, noch etwas Naturhaftes haben. Das sind die einfach oder halbgefüllten Sorten unserer modernen Beetrosen mit vielen, in Büscheln erscheinenden Blüten, wie beispielsweise 'Silberlachs' und 'Betty Prior'. Vor allem aber sind es gemäßigter wachsende Ur-Rosen auf dem ersten Schritt in die Kulturwelt: die bereits Ende Mai blühenden Sorten der *Rosa pimpinellifolia*, die Sorten der *Rosa moyesii* – vor allem 'Marguerite Hilling' – und neuere Strauchrosen, wie 'Bischofsstadt Paderborn'.

Rosen aus dem vollen: Polyanthas und Floribundas

Nun soll im Vorgarten, neben dem Eingangsweg zum Haus und auch an der Sitzterrasse ein niedriger, ungeheuer farbenprächtiger und sommerlanger Blütenbrand entfacht werden. Für diese Zwecke bietet der Baumschulgärtner nahezu zahllose Sorten an, die recht verwirrend und uneinheitlich in den Rubriken Polyanthahybriden und Floribundarosen zu suchen sind. Es handelt sich dabei akkurat um jene modernen Züchtungen, von denen es in dem Zitat von Wilhelm Kordes am Anfang unseres Buches heißt: Sie wachsen wie die Quecken und wie die Unkräuter.

Vornehme Rosen: Teehybriden

Damit nicht genug, wollen wir auch Rosen mit großen, dichtgefüllten, möglichst duftenden Blüten haben, die sich einzeln aus elegant geformten Knospen am Ende möglichst langer Stiele entfalten. Bei diesen Blumen interessiert uns nicht so sehr der Farbenrausch und das Gewoge von Blütenmassen, als vielmehr die einzelne, wohlgeformte, beseelte und ausdrucksvolle Blüte. Wünsche dieser Art erfüllen die sogenannten Teehybriden, vielfach auch als Edelrosen geführt, obwohl die Sorten der Polyanthahybriden und Floribundarosen um keinen Deut weniger edel sind.

Für Genießer: Rosen-Kronenbäumchen und kletternde Edelrosen

Der eine oder andere hätte gern einen Garten in strengeren Formen, die Wege vielleicht von Buchsbaumkanten gesäumt. Da und dort gibt es Sammler und Genießer, die morgens durch den Garten gehen und sich am Duft der 'Crimson Glory' und der 'Erotika' erfreuen wollen, ohne sich bücken zu müssen. Es werden also Hochstämme oder Halbstämme gepflanzt. Sofern Kletterrosen auf Hochstämme veredelt werden, entstehen die sogenannten Trauerrosen, deren Fröhlichkeit unbeschreiblich ist. Schließlich gibt es noch kletternde Formen von mehreren großblütigen Teehybriden, so von 'Gloria Dei', 'Crimson Glory', 'Ballet' u. a.

Rosen aus uralten Zeiten

Sofern jemand ein besonders leidenschaftlicher Rosengärtner ist, möchte er den Hauch der Vergangenheit dieser Blume gegenwärtig haben. Es genügt ihm nicht die Farbenpracht der modernen Züchtungen, sondern er möchte auf den Liebreiz, den Duft und die Bezauberung jener Rosen nicht verzichten, die bereits vor mehreren tausend Jahren von den Menschen bewundert worden sind. Auch von den viel umsprochenen Duftrosen des letzten Jahrhunderts möchte er ein paar Sorten haben. Das sind also die *Rosa gallica,* die *Rosa alba,* die *Rosa damascena,* die *Rosa moschata* und die *Rosa centifolia* mit den aus ihr entstandenen Moosrosen. Hinzu kommen die Remontantrosen, Noisette-Rosen und Bourbonrosen aus der Zeit nach etwa 1800. Alle diese Pflanzen sind, zumindest in einigen Baumschulen, noch zu bekommen.

Rosengarten auf dem Balkon

Nun hat jemand überhaupt keinen Garten, er muß seine Rosen in Blumenkästen halten, sie stehen in Tontöpfen auf dem Balkon oder auf einer Bank im Hof. Und auch hierfür hat die segensreiche Gattung *Rosa* eine ganze Reihe von Spielarten bereit, vor allem die Kußrosen und Zwergbengalrosen. Ja, man kann sich hübsche Rosen-Topfpflanzen auch aus Stecklingen oder Samen selbst heranziehen.

Rosenblüte noch im Winter

Schließlich möchte sich mancher Gärtner nicht damit begnügen, Rosen nur im Sommer zu erleben. Er hat vielleicht ein kleines Gewächshaus, einen Wintergarten oder nur ein sehr helles Fenster in der Wohnung. Und auch für diese Zwecke stehen geeignete Rosen und Erfahrungen zur Verfügung, wie sie, zumindest ab Ende Februar, zur Blüte zu bringen sind.

Die Wünsche der Rosen an uns

Ein Rosenstrauch braucht viel Platz

Würden die Rosen sprechen können, so stünde sicherlich an erster Stelle ihrer Wünsche, daß man ihnen viel Platz geben möge. In den meisten Gärten stehen die Rosen, besonders die neuen Edelsorten, viel zu eng. In den Pflanzempfehlungen der Gärtner, die natürlich viele Rosen verkaufen wollen, geht man stets von Quadratmetern aus, also von Flächen. Bei anderen Pflanzengattungen von ähnlicher Pracht und Schönheit kommt man dagegen selten auf die Idee, Empfehlungen nach Quadratmetern zu geben. Ich habe noch nie in einem Staudenkatalog gelesen, daß man je Quadratmeter soundso viele Rittersporne oder Päonien pflanzen soll. Es kommt auch kaum jemand auf die Idee, in seinem Garten derartige Prachtstauden in größeren Flächen anzupflanzen, selbst wenn es sich um viele Sorten handelt. Unter den Gehölzen ist außer der Rose nur noch der Rhododendron ähnlich vielseitig in seinen Erscheinungsformen und ähnlich reich in seiner Sortenvielfalt. Doch kein Baumschulgärtner denkt daran, die Pflanzenmenge für einen Hausgarten nach der Aufnahmekapazität von Quadratmetern zu berechnen. Prächtigere Blütenstauden und alle Gehölze – von Hecken und einigen Besonderheiten abgesehen – werden als Persönlichkeiten innerhalb der Pflanzenwelt eines Gartens angesehen. Nur bei der Rose – oft als Königin der Blumen gerühmt – denkt man von vornherein an Masse.

Man pfercht viele Pflanzen wie eine Herde Schafe auf wenigen Quadratmetern zusammen. Die armen Rosen in ihrem Bedürfnis nach Raum und Licht können nun gar nicht anders, als am Boden kahl zu werden und besenartig in die Höhe zu wachsen. Bei mir im Garten sind auf diese Weise, bedrängt von einem großgewordenen Buchsbaum und einem in die Breite gegangenen Wacholder, regelrechte Hochstämme entstanden. Nunmehr, über den immergrünen Blättern und Nadeln der beiden Gehölze, breiten sie in schöner Harmonie ihre Kronen aus. Hier und da ein paar Rosensträucher zwischen anderen Blumen, am Rand des Rasens oder auch entlang des Hauptweges durch die Gemüsebeete: das wäre wohl am besten. Damit will ich jedoch nichts Grundsätzliches gegen eine Anpflanzung von Rosen in größeren, geschlossenen Flächen sagen. Was soll ein begeisterter Liebhaber von Rosen denn machen, wenn er viele Sorten sammeln will und keinen entsprechend großen Garten zur Verfügung hat! Aber auch in diesem Fall müssen die Rosen sehr viel weiter auseinanderstehen, als man es fast immer sieht. In der üblichen Pflanzempfehlung heißt es, man solle von den neuen Edelrosen, ganz gleich ob Teehybriden, Polyanthahybriden oder Floribundarosen, acht bis neun Stück je Quadratmeter pflanzen. Von starkwüchsigen Sorten – und mit dieser Bemerkung verschaffen sich die Verfasser ein Alibi für ihre Oberflächlichkeit – braucht man etwas weniger. Nach meiner Erfahrung und Beobachtung entwickelt sich eine Edelrose mittlerer Wuchskraft allenfalls dann zu einem schönen Busch, wenn sie zu viert auf einem Quadratmeter steht. Es ist den gekauften Pflanzen anzusehen, was in ihnen steckt. Wenn die Triebe daumenstark sind, dann ist ein allseitiger Abstand von einem halben Meter angebracht. Besonders starkwüchsige Sorten wie 'The Queen Elizabeth Rose' zum Beispiel, wenn sie überhaupt zu mehreren zusammengepflanzt werden sollen, brauchen wenigstens den allseitigen Abstand von einem Meter. Besser ist es indessen, sie als Einzelbüsche zwischen schwachwüchsige Sorten zu stellen. Die erwähnte 'Queen Elizabeth' kommt zu stärkster Wirkung, wenn sie allein vor dem Hintergrund einer Hauswand steht.

Zum Wachsen und Blühen ist viel Licht nötig

Mit der Erfüllung des Wunsches nach viel Raum um sich her ist zum Teil auch schon der zweite Wunsch aller Rosen nach viel Licht erfüllt. Eine Rose blüht, anders als Azaleen, Seidelbast und sonstige Sträucher nur aus dem vollen Wachstum heraus. Um wachsen zu können, brauchen die Pflanzen Licht. Als Faustregel kann gelten, daß Gewächse mit großen Blättern weniger Licht brauchen als Pflanzen mit kleinen Blättern. Darum sind nämlich die Blätter groß, daß sie von dem wenigen Licht – meist im Schatten – recht viel mitbekommen. Aber auch große Bäume und Sträucher in der Nähe können das Lichtbedürfnis der Rose beeinträchtigen. Man beobachtet oft, wie sich ein Rosenstrauch bemüht, aus der Bedrängnis anderer Gehölze heraus in die Helligkeit hineinzuwachsen. Abgesehen vom Licht haben größere Pflanzen in der Nähe aber auch eine verständliche Lust, mit ihren Wurzeln an die meist besser gefüllten Futternäpfe der Rosen heranzukommen.
Es ist aber nicht nur die Intensität der Helligkeit, auf die es ankommt, sondern auch deren Dauer. Drei Stunden voller Sonnenschein am Tag nützen nicht viel, wenn die Rosen alle übrigen Stunden im tiefsten Schatten zubringen müssen. Dagegen sind die drei Stunden ausreichend, wenn es trotz indirekten Sonnenlichtes hell genug ist. Wo ich einen Film von 21 DIN bei Blende 8 mit einer Hundertstelsekunde belichten kann, da gedeihen Rosen gerade noch gut. Dieses Licht muß aber in der Zeit von Mai bis August wenigstens zwölf Stunden am Tag auf die Pflanzen einwirken können.

Ein luftiger Standort wäre gut

Mit dem weiten Stand und mit dem Raum, der wenig von Hecken und großen Gehölzen eingeengt wird, ist meist auch der Wunsch aller Rosen nach bewegter Luft erfüllt. Der Wind soll an die Büsche herankommen. Es ist gut, wenn naß gewordene Rosenblätter bald abtrocknen können. Feuchte Rosenblätter wertet einer der Schadpilze, der Sternrußtau, nämlich als Schlaraffenland. Gewiß läßt sich auch beim Wässern und Gießen darauf achten, daß die Blätter nicht naß werden. Diese Absicht verbleibt aber meist in der Theorie. Freilich ist es am wichtigsten, den Schlauch an jeden Rosenbusch zu legen und das Wasser dann eine Stunde lang in die Wurzelerde tröpfeln zu lassen. Für größere Pflanzungen eignen sich die überall angebotenen, mehrfach durchlöcherten Schläuche, die man zur Vermeidung von Wasserspritzern mit den Öffnungen auf den Boden legen muß. Wenn es aber heiß und trocken ist, dann muß ein Garten eben gegossen und muß ein Rasen beregnet werden, und da bekommen wohl oder übel die Rosen ihren Teil mit. Also wäre es schon gut, wenn der Wind an die Pflanzen heran kann. Dann sind nicht nur die Belästigungen durch Pilzbefall weniger zu befürchten, sondern auch manche tierischen Peiniger des Rosenstrauches bleiben fern.

Vor allem muß der Boden tiefgründig sein

Der nächste Wunsch aller Rosen ist eine gehörige Bodentiefe. Ich messe dieser Tiefgründigkeit des Bodens eine größere Bedeutung bei als seiner Beschaffenheit. Während sich die Art und Weise des Bodens in den kleinen Verhältnissen des Hausgartens leicht verändern läßt, ist das hinsichtlich der Bodentiefe nicht immer der Fall. Wo nur eine spatenstichtiefe Mutterbodenschicht über hartem Gestein zur Verfügung steht, da soll man Rosen gar nicht erst pflanzen. Andererseits ist es übertrieben, einen normalen Gartenboden halbmetertief aufzureißen, weil es auch ohne diese Strapaze geht. Sollte der Boden durch Baufahrzeuge mit Kettenantrieb verfestigt sein, kommt man allerdings um das Rigolen oder um eine ähnliche Maßnahme nicht herum. Dann muß ein Boden auch in der Tiefe aufgegraben und gelockert werden. Üblicherweise aber genügt es, das Gartenland in der Tiefe eines Spatenstiches umzugraben.

Ich will hier nicht die Empfehlung geben, beim nächsten Pflanzenschutzamt eine Bodenprobe machen zu lassen. Das tut nämlich doch niemand. Nur der Vollständigkeit wegen sei gesagt, daß es kleine »Laboratorien« in Blechbüchsen oder Pappschachteln gibt, mit denen sich Nährstoffgehalt und Säureverhältnisse eines Bodens bis zu einem gewissen Grade feststellen lassen. Ich selbst habe mit dem kleinen Sudbury Bodentester der M. Stromeyer-Lagerhausgesellschaft in Hamburg gute Erfahrungen gemacht. Dieses Mini-Laboratorium besteht aus 4 Reagenzgläsern und 5 Flaschen mit Testlösungen für Kali, Phosphorsäure, Kalk und Stickstoff. Dazu gehören genaue Gebrauchsanweisungen und eine Farbskala. Ein Viertel des Reagenzglases wird mit dem zu prüfenden Boden gefüllt. Will ich zunächst den Gehalt an Stickstoff feststellen, schütte ich die entsprechende Testlösung in das Reagenzglas, bis es halb voll ist. Die Flüssigkeit nimmt dann eine bestimmte Farbe an, die mit der Farbskala verglichen wird. Deckt sich die Farbe z. B. mit dem Orange der Skala, dann braucht der Gartenboden je 100 m^2 3 kg Stickstoffdünger mit ca. 20 % Reinstickstoff. Entsprechend wird sodann der Gehalt an Phosphorsäure, an Kali und an Kalk getestet.

Dem Kalktest kommt eine besondere Bedeutung zu, weil mit ihm die sogenannte pH-Zahl ermittelt wird; pH kommt von pondus hydrogenii, Gewicht des Wasserstoffes. Diese Zahl zeigt den Gehalt an freien Säuren im Boden an. Je kleiner die pH-Zahl ist, um so mehr freie Säure befindet sich im Boden. Wir wissen noch vom

Chemieunterricht, daß von Säuren in wäßrigen Lösungen die Wasserstoffeinheiten frei werden; man bezeichnet sie als Ionen. Das in Gramm gemessene Gewicht der Wasserstoffionen in einer Flüssigkeit kennzeichnet die Wasserstoffionenkonzentration. Nehmen wir einmal an, unser Leitungswasser enthielte je Liter ein zehnmillionstel Gramm Wasserstoffionen. In Zahlen ausgedrückt wären das 0,000 000 1 Gramm. Es wäre nun recht umständlich und verwirrend, so lange Zahlenreihen schreiben zu müssen. Deswegen werden nur die Stellen hinter dem Komma gezählt. Das sind in diesem Fall sieben Stellen. Man spricht also von pH 7. Die Zahl pH 2 besagt demzufolge, daß sich in einem Liter Flüssigkeit 0,02 Gramm Wasserstoffionen befinden, also sehr viel mehr; ein entsprechender Boden wäre also extrem sauer, und selbst für Maiglöckchen, Blaubeeren und Rhododendron müßten wir Kalkmergel einarbeiten, um die pH-Zahl in einen Bereich von etwa 3–4 zu bringen.

Vereinfacht gesagt und beim Thema geblieben: ich erfahre ziemlich genau, wieviel freie Säure mein Boden enthält und ob er somit den Bedürfnissen der Rosen entspricht. Zugleich wird mir durch den Test und seine Tabellen mitgeteilt, wieviel Kalkmergel oder wieviel sauer reagierende Dünger bzw. Torf ich je 100 m^2 ausbringen muß, um den Boden in einen pH-Bereich von 6,5–7,2 zu bringen, in welchem meine Rosen nach den allgemeinen gärtnerischen Schulweisheiten am besten gedeihen. Man spricht hier von einem neutralen Boden.

Bei mir wachsen Rosen aber auch in einer Erde vortrefflich, bei der ich pH 5,4 gemessen habe. Das kann aber daran liegen, daß die Wurzeln sehr tief in den Boden hineingehen und dort vielleicht neutralere Verhältnisse antreffen. Das genau Umgekehrte dieser Vermutung ist bei der Schneeheide der Fall, die einen ausgesprochen sauren Boden braucht und trotzdem in den Kalkalpen besonders häufig vorkommt. Es hat sich eben über dem Kalkgestein eine saure Humusschicht gebildet, und die flachwurzelnde Schneeheide findet darin ihr Auskommen.

Wir wollen die Sache nicht komplizierter machen als sie ist. Wo in einem Garten Sonnenblumen und Schneeglöckchen, Stachelbeeren, Rhabarber und Brennesseln gut gedeihen, da wachsen auch Rosen vorzüglich. Ich glaube, daß Rosen in dieser Hinsicht sehr anpassungsfähig und mit ihren Wünschen bescheiden sind. Sie müssen nur – immer wieder sei es gesagt – mit ihren Wurzeln tief genug in den Boden hineinwachsen können.

Nicht ganz Lehm und nicht ganz Sand

Etwas anders geartet sind die Wünsche der Rosen an die Struktur des Bodens, also an dessen Körnigkeit. Ist der ursprünglich aus Gestein entstandene Boden staubfein

'Schneewittchen' und 'Bischofsstadt Paderborn'

Unermüdliche 'Frau Astrid Späth'

Rosa moyesii, reicher Hagebuttenbehang

'Frühlingsmorgen', blüht frühzeitig und reich

und so fein zermahlen, daß es feiner nicht mehr geht, dann haben wir es mit Ton zu tun. Dieser Ton ergibt zusammen mit Wasser einen Brei, der in der Sonne steinhart wird. Wenn man ihn in einen Brennofen legt, dann bekommt man Töpfe und Krüge. Ist das Gestein etwas weniger von den Mühlen der Jahrmillionen zermahlen worden, so haben wir es mit Lehm zu tun. Anschließend kommt der Sand und endlich, in den verschiedensten Abstufungen seiner Körnung, der Kies. Für Rosen liegt das Optimum der Bodenbeschaffenheit genau in der Mitte, nämlich nicht ganz bei Lehm und nicht ganz bei Sand. Besser als ein zu toniger Boden ist allerdings reiner Sand. Zwar ist Sand für das Wasser wie ein Sieb, es sickert schnell in den Untergrund ab. Dem läßt sich im Garten jedoch leicht abhelfen, indem man halbverrotteten Kompost eingräbt, oder man nimmt grobe Torfstreu. Ein zu tonhaltiger Boden ist dagegen schwer in einen guten Kulturzustand zu bringen; er hat gewissermaßen kein Knochengerüst, keinen eigenen Halt, er ist luftarm, zusammengeklatscht und für Pflanzen so ungenießbar wie ein glitschiger Kuchen für uns Menschen. Freilich kann man ihm die erforderliche innere Stütze einarbeiten. Das geht am besten mit Sand, der nicht zu fein sein darf, desgleichen mit zermahlener Schlacke und auch mit modernen Granulaten aus Kunststoff, wie Styromull. Alles das aber ist recht mühsam und schwierig.

Humus aus der Tüte

Außer demjenigen Teil des Bodens, der aus zermahlenem Gestein besteht, brauchen Rosen und alle anderen Pflanzen noch Humus. Unter Humus ist eine Erde zu verstehen, die aus der organischen Substanz von Pflanzen und Tieren entstanden ist. Beispielsweise wäre ein fertiger Kompost aus Rasenschnitt, Kartoffelkraut, den Federn der Weihnachtsgans, Vogelmiere und Eierschalen als reiner Humus zu bezeichnen. In der Praxis ist das insofern nicht der Fall, als mit den Wurzeln der Unkräuter auch Erde in den Kompost kommt, und außerdem überstreuen wir das Gemenge gelegentlich mit Kalk und zerbröseltem Lehm, es entsteht also Humus-Erde. Absolut reiner Humus ist indessen der Torf, der fast ausschließlich aus verrottetem Sumpfmoos besteht. Man darf sich jedoch nicht davon irreführen lassen, daß Torf im Handel als Düngetorf geführt wird, obwohl er keinerlei Pflanzennährstoffe enthält. Die Bezeichnung ist so gewählt worden, weil es bei der Bundesbahn für Düngemittel günstigere Frachttarife gibt. Man kann auch nicht sagen, daß es ganz falsch ist, trotz des Fehlens aller Pflanzennährstoffe von Düngetorf zu sprechen. Denn auch die Versorgung des Bodens mit reinem Humus, der durch seine schwammartige Beschaffenheit das Ausschwemmen zusätzlich ausgebrachter Düngesalze verhindert, kann als eine Maßnahme der Düngung angesehen werden.

Außerdem gibt es künstlich mit Nährstoffen angereicherte Torfprodukte, wie Supermanural. Desgleichen wird eine Fülle von Humusdüngern mit den verschiedensten Bezeichnungen angeboten, die zumeist auf der Basis von Torf hergestellt sind. Garteneigener Humusboden schließlich ist der Kompost, wie er wohl überall aus Unkräutern und Küchenabfällen hergestellt wird. Diese Komposterde sowie ungedüngter Torf können beim Herrichten der Rosenpflanzflächen in beliebiger Menge eingegraben werden, sofern sie im Überfluß zur Verfügung stehen. Ansonsten genügt es, sie beim Pflanzen nur in den näheren Bereich der Wurzeln zu bringen. Regelrechte Düngemittel sind für diesen Zweck erstens zu teuer und zweitens zunächst überflüssig.

Auch Dünger muß sein

Stallmist, wenn Einstreu von Stroh oder Torf dabei ist, kann ebenfalls stets eingegraben werden. Nur hitzige Dünger von Pferden und Gänsen, sofern sie nicht abgelagert und verrottet sind, soll man vermeiden, denn von ihnen gehen gefährliche Wirkungen auf die Rosenwurzeln aus. Dem Rindermist kann man dies nicht nachsagen, obwohl es häufig geschieht. Ich habe gesehen, wie befreundete Bauern zwei Dutzend Rosen, die ich ihnen geschenkt hatte, in schier reinen Kuhmist gepflanzt haben. Doch entgegen meiner Erwartung haben die Rosen das schön gefunden, wie an dem vorzüglichen Wachstum schon im ersten Jahr zu sehen war.
Bleiben noch die Handelsdünger, also unsere Düngesalze. Am wenigsten Fehler macht man bei Verwendung von Torfdüngern oder Humusdüngern, wie sie mit verschiedenen Präparaten angeboten werden. Wer es zugleich gut und preiswert machen möchte, der streut vor dem Umgraben auf 100 m² Gartenland etwa 20 kg Nitrophoska blau aus, auch Rustica blau ist geeignet. Es handelt sich dabei um Düngemittel, die kein Chlorid enthalten, das für Rosen schädlich ist. Außerdem ist der Anteil an rosengünstigem Kali in beiden Düngern verhältnismäßig groß. Diesen chloridfreien Dünger sollten die Rosen in jedem Frühjahr bekommen, und zwar bis zu zwei Handvoll je Quadratmeter Pflanzfläche. Am besten ist es, den Dünger vor dem Abhäufeln auszustreuen. Er wird dann durch das Auseinanderziehen der Erde von selbst untergearbeitet.
Die gleiche Düngergabe bekommen die Rosen dann nochmals nach dem ersten Flor. Hinterher soll kein Dünger mehr gegeben werden. Zumindest meidet man Dünger, in denen Stickstoff enthalten ist, weil dadurch die Ausreife des Holzes im Herbst beeinträchtigt werden kann. In einem besonders nassen September empfiehlt es sich, je Quadratmeter Rosenpflanzfläche eine Handvoll 40%iges Kalisalz auszustreuen und einzuhacken. Von dem Salz wird recht viel Feuchtigkeit gebunden, das wiederum der Ausreife des Holzes zugute kommt.

'Primaballerina', auf festen Beinen und duftend    'Papa Meilland', duftet stark und leidet leicht

Manchmal waldrebenähnlich, 'White Wings'

Schottische Zaunrose, Rosa rubiginosa

Was gibt es für Rosenarten und was läßt sich im Garten damit anfangen?

Die Frage zielt genaugenommen nach anderen Antworten, als sie hier gegeben werden sollen. Unter Arten versteht man die von der Natur erschaffenen, sich durch erkennbare Merkmale voneinander unterscheidenden Angehörigen einer Gattung. *Rosa*, so heißt in unserem Fall die Gattung. *Rosa canina*, also unsere wilde Heckenrose oder Hundsrose, ist eine Art. Hier aber geht es darum, über die verschiedenen Erscheinungsformen der Rose hinsichtlich ihres Wuchses und ihres Blühens zu informieren. Das Wort von der Rosenart soll also – auch – im Sinne von Art und Weise aufgefaßt werden. Es ist nämlich recht schwer, sich in der Praxis zurechtzufinden. Die Angaben in den Katalogen unserer Baumschulen sind nicht einheitlich. Begriffe wie Floribundarose und Edelrose schwirren unaufhörlich durcheinander. Erschwerend für eine gute Ordnung ist die Fülle an Namen. In dem berühmten Rosen-Lexikon von Jäger, das in den dreißiger Jahren erschien, sind über 15 000 Sorten verzeichnet. Eine der allerdings bedeutendsten Rosen-Baumschulen in Deutschland bietet in ihrem Katalog 500 verschiedene Arten und Sorten an. Ich finde es deshalb richtig, die Rosen nach ihren grob umrissenen Eignungen und Eigenarten zu gliedern.
Der leichteren Verständigung wegen wollen wir zwei Worten ganz bestimmte Deutungen geben. Als Strauch soll eine holzartige Pflanze verstanden werden, die meterhoch, mannshoch und noch sehr viel größer werden kann. Dagegen möchte ich unter dem Busch ein Gehölz verstanden wissen, das in der Regel etwas kleiner bleibt. Es gibt natürlich in beiden Fällen etliche Abweichungen. Man soll beim Reden und Schreiben über Pflanzen die Worte »bestimmt« und »niemals« vermeiden. Doch hilft es weiter, wenn die ganze Erscheinungswelt der Rosen zunächst einmal in Rosensträucher oder Strauchrosen und in Rosenbüsche oder Buschrosen eingeteilt wird.

Zuweilen sehr groß werdende Rosensträucher, die in der Regel nur einmal im Jahr blühen

Diese Rosensträucher bieten sich an, wenn jemand einen riesigen Garten hat, der fast schon eine Feldmark ist, und er will eine Hecke gegen den Wind, ein Vogelschutzgehölz, einen einbruchsicheren Stacheldrahtverhau oder einen Steilhang bepflanzen, damit der Regen keine Erde wegspült. Außerdem soll eine gefährliche Böschung, wenn schon, dann so mit Rosen bewachsen sein, daß ein vom Weg abgekommenes Auto nicht abstürzt, sondern von den Büschen aufgefangen wird, daß es allenfalls Schrammen im Lack bekommt.

Wildrosen, die aus Samen herangezogen werden und aus diesem Grund besonders kraftvoll und widerstandsfähig sind

Das sind also Rosen, die der liebe Gott selbst erschaffen hat. Seit altersher vermehren und verbreiten sie sich durch Samen. Daher kommt stets eine urwüchsige Lebenskraft. Jedes Samenkorn entsteht auf geschlechtliche Weise durch die Vereinigung einer männlichen und einer weiblichen Zelle. Das neue Pflänzchen beginnt sein Dasein also am Uranfang allen Lebens. Diese aus Samen herangezogenen Rosen haben den Vorteil, sich stets von unten her zu erneuern und zu harmonisch geformten Büschen heranzuwachsen. Außerdem bilden sie teilweise in reichlichem Maß ihre Wurzelausläufer, was oftmals recht nützlich ist.

Rosa canina. Die Hundsrose, die bei uns an Waldrändern, auf Geröllhalden und an Bahndämmen in Mengen zu finden ist, hat in mehrerer Hinsicht eine Bedeutung. Erstens ist diese Rose eine Ausnahme von der Regel, daß Samen nur durch Übertragung von Blütenstaub entstehen. Die Hundsrose, sagen die Botaniker, ist jungfernfrüchtig. Deshalb gibt es an ihr auch stets im Herbst viele Hagebutten, selbst wenn die Bienen während der Blütezeit wegen schlechten Wetters Ausgangssperre hatten. Sodann ist die *Rosa canina* eine von den beiden Wildrosenarten, die bei den Veredlungen unserer Gartenrosen als Unterlage dienen. Die Jungfernfrüchtigkeit spielt dabei für die Heranzucht immer gleicher Typen eine wichtige Rolle. Die rosenroten einfachen Blüten der Hundsrose sowie ihr Wuchs bis in eine Höhe und Breite von drei Metern sind bekannt.

Rosa multiflora. Die sogenannte japanische Kletterrose ist im letzten Jahrhundert nach Europa gebracht worden, und bis in die Gegenwart hinein spielt sie eine bedeutsame Doppelrolle für den Rosengarten. Zuweilen wird diese Rose mit einer anderen Bezeichnung bedacht, die dasselbe besagt, nur griechischen Ursprungs ist: Rosa polyantha. Jeder hat schon etwas von Polyantharosen und Polyanthahybriden gehört. Das sind unsere modernen Massen- und Dauerblüher, wie sie bald auf jedem Bahnhofsvorplatz stehen. Alle diese Sorten sind durch die Einkreuzung dieser asiatischen *Rosa multiflora* entstanden, zu deren Tugenden es gehört, Blüten in Massen hervorzubringen. Auch bei der Entstehung der ersten richtigen Kletterrosen hat diese Wildart aus dem Osten eine wichtige Rolle gespielt, wir kommen noch darauf. Die zweite Rolle wird von der *Rosa multiflora* bei der Vermehrung unserer Gartenrosen gespielt. Was von diesen Sorten nicht auf der Hundsrose veredelt ist, das steht auf der Unterlage von Sämlingen der *Rosa multiflora*. Es scheint, als würde sich die Wuchskraft und die Lust am Massenflor auch auf die Sorte übertragen, die man als Triebauge in ihren Wurzelhals hineinpraktiziert hat. Eine dritte Rolle spielt die *Rosa multiflora* als Wildart an sich. Der Strauch wächst nämlich ungeheuer, der Boden mag so schlecht sein, wie er will. Dabei bildet diese Rose keinerlei Ausläufer. In Amerika bepflanzt man Autobahnabhänge mit ihr. Es bedarf nur weniger Jahre, und die Büsche haben mit ihren langen, harten Zweigen ein derart dichtes Netz ausgespannt, daß kein von der Bahn abkommendes Auto mehr abstürzt. Andererseits sind die Fanghecken so elastisch, daß es zu schweren Schäden an den Fahrzeugen nicht kommt. Ich selbst habe vor zehn Jahren leichtsinnigerweise einige Sämlinge der *Rosa multiflora* auf einen Grenzhang meines Gartens gepflanzt. Die Blüte während einiger Junitage war immer wieder begeisternd. Doch sind die Büsche derart gewachsen, daß ich sie ausroden mußte. Sogar die Kreuzhacke ist dabei zerbrochen. Bei den Wurzeln hatte ich den Eindruck, als wollten sie durch den Erdball hindurch nach China zurückwachsen.

Rosa virginiana. Das ist eine Rose für jemanden, der kein Geld hat, um etwa auf einem Steilhang Faschinen legen zu lassen, damit die Erde nicht abrutscht. Die Rose eignet sich aber auch für flache Gartenstellen, an denen sonst nicht recht etwas wachsen will. Der Strauch wird meterhoch, er hat hübsche Blätter, die sich im Herbst rot verfärben, die einfachen Blüten sind hellrosa. Zu den Eigenarten der *Rosa virginiana* gehört es, sich durch Ausläufer zu vermehren und so den Boden allmählich wie mit einem zähen Netz zu durchflechten. Man muß also überall dort vorsichtig sein, wo dieser Rose keine ausreichende Rennbahn zur Verfügung steht. Gepflanzt ist sie bald. Trockenheit verträgt sie gut, desgleichen gedeiht sie im Schatten. Doch die Vertreibung einer alteingesessenen *Rosa virginiana* aus dem Garten ist schwierig.

Rosa rugosa. Die Kartoffelrose mit ihrem runzligen Laub, mit den borstigen und großen Stacheln an dicken Trieben und mit ihren lilarosa, roten oder weißen Blüten ist eine der erfreulichsten Erscheinungen. Man kann diese Wildart auch im kleineren Garten gut leiden, denn sie ist nicht gar zu wild. Desgleichen ist *Rosa rugosa* als Heckengehölz geeignet, wenn die Hecke nicht sehr viel höher als anderthalb Meter zu werden braucht. Für Böschungen ist sie vortrefflich zu verwenden, weil die Ausbreitung ebenfalls durch Wurzelausläufer erfolgt. Nur trockenen Boden verträgt diese Rose aus dem nördlichen China nicht. Und wenn der Boden zu kalkhaltig ist, dann bekommt sie leicht die Chlorose, das Laub wird also gelb.
Dafür hat die *Rosa rugosa* etliche Tugenden. Zunächst einmal steht sie als Vitamin-C-Spenderin mit ihren großen Hagebutten an erster Stelle von allen Rosen. Dann ist die Blütezeit nicht auf wenige Tage oder Wochen begrenzt, sondern die *Rosa rugosa* blüht eigentlich dauernd ein wenig. Deswegen können die Schneider unter den Gärtnern, die in jedem März gedankenlos alles absäbeln möchten, an der *Rosa rugosa* ruhig herumschnippeln. Sie treibt dann wieder durch und blüht trotzdem. Andere Wildrosen tun das keineswegs. Schließlich ist dieser Rosenstrauch ungeheuer frosthart. Auf dem Umweg über eine andere Kreuzung und dank einer unendlichen Geduld des Züchters Wilhelm Kordes haben diese Tugenden zu unseren öfter während des Sommers blühenden, äußerst winterharten Kletterrosen geführt, über die noch zu berichten sein wird.
Übrigens muß man von der *Rosa rugosa*, um kräftige Büsche mit starker Ausläuferbildung zu erzielen, nicht unbedingt Sämlinge pflanzen. Die verschiedenen Spielarten, teilweise gar mit gefüllten Blüten, tun es ebenso. Weil man bei dieser Rose allerlei mit der Schere regeln kann, sollte man eigentlich auch im Hausgarten nicht ängstlich mit der Anpflanzung sein. Schön ist die violettrote Sorte 'Hansa'. Hellrot blüht 'F. J. Grootendorst', rosa blüht 'Pink Grootendorst' und 'Schneezwerg' ist weiß. Ich selber schätze ungemein die Sorte 'Rose au parfum de l'Hay', die sich in meinem Garten als außerordentlich kraftvoll erwiesen und eine Höhe von anderthalb Metern erreicht hat. Kirschrote, halbgefüllte Blüten sind während des ganzen Sommers am Strauch; sie werden übrigens etwas blau, wenn es gar zu heiß ist. Am bemerkenswertesten an dieser Rose ist der starke Duft. Es gibt aber auch einen Nachteil insofern, als die welkenden Blüten – zumindest bei mir im

Garten, in dem die Luftfeuchtigkeit recht groß ist – lange Zeit nicht abfallen. Ergänzend wäre zu der *Rosa rugosa* zu sagen, daß es sich um eine der wenigen Pflanzen handelt, die den Ausdünsten des Autoverkehrs und den Streusalzen im Winter voll widerstehen. Im Stadtgebiet von Köln beispielsweise, desgleichen neben und auf den Mittelstreifen der dortigen Autobahnen, wächst diese Rose zu Millionen. Es ist geradezu erstaunlich, wie die Rosensträucher den ewigen Fahrtwind und die Abgase des Kraftverkehrs aushalten. Dichtbuschig, mit grünem Laub und mit roten sowie weißen Blüten stehen sie dort an Stellen, an denen man sonst für Pflanzen keine Lebensmöglichkeit vermuten möchte. Dennoch lehnen es konservative, allzu sehr der Bodenständigkeit verschworene Landschaftsgestalter ab, die *Rosa rugosa* zu pflanzen. In einer amtlichen Schrift aus Bonn heißt es sogar, man solle die Flächen zwischen oder am Rand von Autostraßen lieber der Technik überlassen, als sie mit Pflanzen zu besiedeln, die bei uns nicht bodenständig sind.

Rosa rubiginosa. Die Weinrose oder Schottische Zaunrose ist mit ihren starken Stacheln das rechte Gehölz für etwas höhere Hecken. Eine undurchdringliche Wand von zwei Metern in der Höhe bildet sie leicht. Der Strauch fällt mit seinen blanken Blättern auf, die einen unverkennbaren Duft von Äpfeln haben. Die Blüte ist einfach und rosenrot.

Rosa glauca. Die auch als *Rosa rubrifolia* bekannte Hechtrose mit ihrem rötlichen Laub und mit ihren hellroten, einfachen Blüten spielt insofern eine nicht unwichtige Rolle, als sie sich auch mit einem Standplatz fast im Schatten begnügt.

Rosa pimpinellifolia. Die Bibernellrose oder Dünenrose spielt als Wildart eine geringere Rolle für den Garten. Doch kann sie im Verein mit anderen Wildrosen recht zauberhaft sein, weil die duftenden, weißen und gelben Blüten schon im Mai erscheinen; die Triebe an den im Jahr zuvor gebildeten Zweigen sind dementsprechend kurz. Für den Garten kommen viel mehr die mit Hilfe der Bibernellrose entstandenen Züchtungen in Frage.

Wildrosen und ihre Spielarten, die aus Veredlungen oder auch aus Wurzelausläufern und Stecklingen herangezogen werden

Diese Rosen bieten sich an, wenn jemand einen großen Garten hat, die Rosen aber nicht benötigt werden, um Stürme abzuwehren und mit wilder Wurzelkraft steile Hänge zu befestigen, sondern wenn die Sträucher nur stattlich und mit ihren Blüten schön zu sein brauchen.

Das Alter hat den Vortritt.

Was ist eigentlich ein *großer* Garten? Bertold Brecht war ein kleiner Mann und ein großer Dichter. Spitzweg malte kleine Bilder, aber sie gehören zur großen Kunst. Beim Wein werden Jahrgänge als groß bezeichnet, weil sie gut sind. Der Leser möge sich durch die Überschrift nicht verwirren lassen. Eine Centifolie kann auch im Vorgärtchen wunderschön sein, selbst wenn sie anderthalb Meter hoch wird. Vielfach werden die Arten und Sorten dieser Gruppe bei den Gärtnern in der Rubrik »Parkrosen« geführt. Da mag mancher nicht mehr weiterlesen, weil er sich sagt, daß er ja ohnehin keinen Park hat. Und so lernt er möglicherweise einige der zauberhaftesten Rosen nicht kennen, die es gibt. Es handelt sich um Rosen, die eigentlich nicht wild im botanischen Sinn dieses Wortes sind. Alle haben sie in den etlichen tausend Jahren, in denen der Mensch sich für ihre Blüten interessiert hat, kleinere oder größere Schritte in die Kulturwelt gemacht. Was wir in den Baumschulen bekommen, sind fast alles Spielarten. Durchweg haben sie aber die Reize der Ursprünglichkeit behalten.

In Deutschland und in der Schweiz gibt es je eine Baumschule, die sich speziell mit der Vermehrung von Rosen aus früheren Zeiten befassen. Die Sortimente sind so umfangreich, daß im Rahmen dieses kleinen Buches nicht darauf eingegangen werden kann. Einige Arten und Sorten aber werden häufiger angeboten.

Rosa × *alba* 'Suaveolens'. Wie diese halbgefüllte, weiße, duftende und sogar zur Ölgewinnung angebaute Rose einmal entstanden ist, weiß man nicht genau. Man kann nur vermuten, daß unter anderem *Rosa arvensis* und *Rosa gallica* in ihrer Ahnenreihe eine Rolle gespielt haben. Unzweifelhaft ist, daß sie bereits in den Gärten von Julius Cäsar geblüht hat. In England ging die *Rosa* × *alba* sogar als Wappen in die Adelsgeschichte ein, als 'White Rose of York'. Der bekannte Landschaftsgestalter Professor Alwin Seifert pries die *Rosa* × *alba* 'Suaveolens' vor einigen Jahren als dankbarste, gesündeste und widerstandsfähigste von allen Rosen überhaupt. Selbst den Winter 28/29 mit 25 Frostgraden hätte der Strauch bei ihm in Bayern überstanden. Häufig ist die *Rosa* × *alba* noch in Bauerngärten zu sehen. Der Strauch kann gut und gern eine Ausdehnung von drei Metern nach allen Richtungen bekommen. In den erwähnten Spezialbaumschulen gibt es außer 'Suaveolens' noch mehrere andere Sorten der *Rosa* × *alba*, teilweise auch in Rosa.

Rosa gallica. Die Essigrose ist eine der wichtigsten Urahnen unserer Gartenrosen. Die Gelehrten wollen wissen, daß sie aus den Gegenden im Bereich des östlichen Mittelmeeres stammt, vielleicht auch von noch weiter her. Irgendwann kam diese Rose nach Frankreich, und heute gibt es sie wild in den Vogesen. Die Bezeichnungen Essigrose und Apothekerrose deuten auf eine nützliche Verwendbarkeit. Besonders umfangreiche Kulturen soll es in Provins, einer kleinen Stadt im Osten von Paris, gegeben haben. Deshalb bezeichnet man die *Rosa gallica* noch heute auch als Provins-Rose. Man darf sie aber nicht mit der Provencerose verwechseln, denn das ist eine Centifolie. Von der Essigrose, die sehr anspruchslos ist und Frost bis 20 Grad erträgt, gibt es hier und da noch Sorten in unseren Baumschulen. Eine der schönsten Sorten entstand erst 1952 bei W. Kordes, sie bekam den Namen 'Scharlachglut'. Die beiden Spezialbetriebe für »Alte Rosen« in Deutschland und in der Schweiz führen etwa zwei Dutzend Sorten. Alle werden meterhoch und zuweilen auch mannshoch, die einzeln stehenden Blüten in Rosa und Rot duften sehr stark.

Rosa damascena. Die Rose von Damaskus, eine der am stärksten und angenehmsten duftenden Blumen überhaupt, ist eine legendäre Gestalt. Es erzählt sich so schön, wie die Kreuzfahrer diesen Rosenstrauch mit seinen wohlriechenden, gefüllten Blüten in den Futtersäcken ihrer Pferde mit nach Europa gebracht haben. Woanders heißt es, ein Graf von Brie habe die schöne Rose 1270 im vorderen Orient gefunden. In Frankreich wurde die Damascener-Rose sehr beliebt. Weil es zu ihrer Eigenart gehört, alle Knospen des Blütenstandes auf einmal aufgehen zu lassen, sprach man von einem »Bouquet tout fait«. Im 16. und 17. Jahrhundert dürfte man die Damascener besonders verehrt haben. Häufig sieht man sie abgebildet, vor allem auf den Gemälden von Jan Brughel. Größte Bedeutung bis auf den heutigen Tag hat die Rose aus Damaskus in Rußland, in Kleinasien und auf dem Balkan, besonders in Bulgarien. Dort wird sie felderweise zur Ölgewinnung angepflanzt. Die meist dafür verwendete Sorte bekommt man ihres guten Duftes wegen auch bei uns, sie heißt 'Trigintipetala'. Die Sträucher der *Rosa damascena* werden mannshoch und höher, und trotz ihrer Herkunft halten sie eine Winterkälte bis minus 15 Grad aus.
Bei dieser Rosenart gibt es wie bei der *Rosa rugosa* die Einschränkung, daß es zu einem weiteren Blühen während des Sommers kommen kann. Es gibt nämlich eine Spielart mit zweimaliger Blütezeit. Vermutlich ist aus der Kreuzung zwischen dieser Herbst-Damascener und einer aus Ostasien gekommenen Art die Portlandrose entstanden. Die Geschichte ist weitgehend ungeklärt. Noch immer bekommt man – gottlob – die hellrosa gefüllte, stark duftende Sorte 'Jacques Cartier', die einmal als Damascener und dann wieder als Portlandrose geführt wird. Nach dem Lexikon von Jäger und nach meinen eigenen Beobachtungen trifft das Letzte zu. Wenn es die Witterung zuläßt, dann blüht diese Sorte sogar dreimal im Sommer, bei mir wenigstens.

'Blanc de Vibert', eine weiße, duftende Portlandrose aus dem Jahr 1847, die öfter im Sommer blüht.

Rosa centifolia. Es mag zweifelhaft sein, ob unsere Centifolie mit der berühmten »Hundertblättrigen Rose« des Altertums identisch ist. In Mitteleuropa trat sie nachweislich im 16. und 17. Jahrhundert in Erscheinung. Die Gelehrten meinen, die Centifolie sei keine Urrose, sondern eine Kreuzung zwischen mehreren Arten. Wilhelm Kordes vermutet, weil sich die natürlichen Verbreitungsgebiete der *Rosa gallica* und der orientalischen *Rosa moschata* in den Gegenden des Kaukasus berühren, daß die Centifolie aus einer Verbindung dieser beiden Arten hervorgegangen ist. Wahrscheinlich ist die Centifolie in Südfrankreich viel angepflanzt worden, was ihr die Bezeichnung Provencerose eingebracht hat. (Nicht verwechseln mit der Provins-Rose, der *Rosa gallica.*) In dem berühmten Rosengarten der Kaiserin Josephine in Malmaison soll es 150 Spielarten gegeben haben. Die Centifolien entwickeln sich zu zwei Meter hohen, breiten Sträuchern. Kälte ertragen sie bis minus 20 Grad. Die gefüllten, stark duftenden Blüten sind je nach Sorte weiß bis dunkelrot. Am ehesten bekommt man die rosafarbige, nicht ganz so hoch werdende Sorte 'Major'. Der Name hört sich sehr militärisch an. Das kommt von den neuen Regeln der gärtnerischen Schreibweise. Danach müssen die Namen und Bezeichnungen von Varietäten, von Sorten also, mit großen Anfangsbuchstaben geschrieben und in einfache Anführungsstriche gesetzt werden. Früher schrieb man *Rosa centifolia major*, und das ist nichts anderes als die Steigerungsform von magnus, groß. Wir haben es bei dieser Sorte mit einer altbekannten Bauerngartenrose zu tun, die noch immer anzutreffen ist, der Strauch wird etwa meterhoch.

Eine wunderschöne und noch immer erhältliche Centifolie heißt 'Unique Blanche' oder 'White-Provence', sie wird etwas höher als die Bauernrose. Die sicherlich jüngste Centifolie entstand erst 1950 bei W. Kordes, sie wächst außerordentlich dicht, wird anderthalb Meter hoch, hat knallrote duftende Edelrosenblüten und heißt 'Parkjuwel'.

Rosa centifolia 'Muscosa'. Nach dieser Schreibweise muß es sich bei 'Muscosa' um eine Sorte der Centifolie handeln. Das ist zugleich richtig und wiederum nicht ganz und gar richtig. Es handelt sich nämlich um eine ganze Gruppe, die Moosrosen. Tatsächlich sind die Knospen, die Kelchblätter und vielfach auch die äußeren Blütenblätter dieser Rosen von einem duftenden, klebrigen Moos überzogen. Im 17. Jahrhundert ist diese ganz reizende Rosengruppe durch Mutation entstanden, und zwar in Holland. Die rosa und in ganzen Büscheln blühende, stark verzweigte 'Muscosa' mit ihrem starken Centifolienduft ist besonders schön. Interessant und ebenfalls wunderschön in ihrem silbrigen Rosa ist 'Cristata'. Wegen ihrer dreieckigen Knospenform wird diese Varietät auch als 'Chapeau de Napoléon' bezeichnet. Als weiße Moosrose sei 'Blanche Moreau' erwähnt, ich habe sie selbst im Garten und schätze sie sehr.

Kurze Unterbrechung

Ich habe etwa zwei Dutzend dieser altertümlichen Rosen in meinen Garten gepflanzt und beobachte sie nunmehr drei Jahre lang. Am liebsten von ihnen ist mir ein Strauch, der hellrosa gefüllte, mittelgroße Blüten treibt, die einen wundervollen Rosenduft haben. Je nach Sommer und nach dem Witterungsverlauf des Herbstes, hat diese Rose nach der Hauptblüte im Juni einen zweiten und einen dritten Flor; genauer gesagt, mit dem zweiten Flor ist auch in regenreichen Sommern zuverlässig zu rechnen. Es ist nicht ganz genau zu ermitteln, ob es sich um eine der typischen, zweimal blühenden Herbstdamaszener handelt oder ob es eine Portlandrose ist, an deren Entstehung die Herbstdamaszener beteiligt waren, die Sorte heißt 'Jacques Cartier'.

An zweiter Stelle der Beliebtheit steht die Moosrose 'Reine des Moussues', sie trägt im Juni–Juli mittelgroße, dicht gefüllte, fleischrosa Blüten in unvorstellbarer Fülle, die einen angenehmen Duft haben. Eigenartigerweise gibt es von ihr auch verein-

'Parkjuwel', eine erst 1956 von W. Kordes gezüchtete Centifolie mit kirschroten, gefüllten, gut duftenden Blüten.

zelte Blüten im Herbst. Nur muß man bei dieser und jeder anderen Centifolie bzw. Moosrose in ganz besonderem Maße darauf achten, daß sie an einen freien, luftigen, möglichst ganztägig besonnten Standort kommen. Sonst kann es nämlich bei etwas feuchtem Sommerwetter wie im Jahr 1972 passieren, daß sich viele der dick gefüllten Blüten nicht öffnen, sondern daß sie verfaulen. Das tun im übrigen moderne Züchtungen, wenn sie wie die 'Königin der Rosen' von Kordes besonders viele Blütenblätter haben, ebenfalls.

Für mich bestätigt diese Sorte 'Reine des Moussues' die Erfahrung, daß man bei Rosen – bei anderen Pflanzen, Orchideen beispielsweise ist es ähnlich – nie von starren Regeln ausgehen sollte. Immer noch das zuverlässigste Nachschlagewerk ist das 1936 erschienene Rosen-Lexikon von August Jäger. In diesem Buch wird für 'Reine des Moussues' eine Wuchshöhe von einem Meter angegeben. Die beiden Pflanzen in meinem Garten sind jedoch über zwei Meter hoch, und die Blüten werden von weit überhängenden Seitenzweigen getragen.

Gewiß, diese Rosen sind recht anfällig gegen pilzliche Erkrankungen. Es stellt sich auch der Rosenrost ein, gegen den unsere modernen Züchtungen einigermaßen immun zu sein scheinen. Man erkennt den Rost an den Blattunterseiten, an denen sich gelbe bis gelbbraune Sporenhäufchen bilden; bis zum Herbst werden die Flek-

ken fast schwarz. Unsere heutigen Vorbeugungs- und Bekämpfungsmittel sind aber derart wirksam und leicht auszubringen, daß Pilzanfälligkeit kein Hinderungsgrund für die Anpflanzung von älteren Rosen sein sollte.
Die kleine Mühe, die man gelegentlich auch wegen des starken Wuchses mit diesen Urrosen hat, wird durch den Liebreiz der duftenden Blüten voll aufgewogen, der den meisten unserer neueren Züchtungen fehlt. Gewiß, sie blühen nur einmal während des Sommers, von der Herbstdamaszener und ihrer Verwandtschaft abgesehen. Aber selbst ein andauernder Flor ist noch kein Kriterium seiner Schönheit. Schließlich aber ist es immer wieder ein poesievoll-geistiges Erlebnis, von noch lebendigen Rosen einer längst vergangenen Zeit umgeben zu sein. Auch Kräuterbücher aus dem 17. Jahrhundert stellen für mich einen hohen Wert dar, obwohl moderne Bücher nützlicher, billiger und vor allem leichter zu lesen sind.
Die soeben von der *Rosa × alba* bis zur Centifolie besprochenen Rosen sind gewissermaßen die europäisch-vorderasiatischen Ahnen unserer modernen Rosen. Eigentlich begann erst vor knapp zweihundert Jahren mit der Einkreuzung von Rosen, die im östlichen Asien entdeckt wurden, die Geschichte einer bewußten Züchtung von neuen Sorten. Es wird darauf noch einzugehen sein. Einstweilen interessiert bei den Alt-Rosen noch ihre Eigenart, in der Regel nur Blütentriebe an dem Holz zu bilden, das im Jahr zuvor gewachsen ist oder auch älter sein kann. Angenommen, ich kaufe mir eine Pflanze mit fünf meterlangen Trieben. Die beiden schwächsten Triebe schneide ich ganz unten an der Basis weg. Die drei verbleibenden Triebe werden bis auf einen Rest von zwanzig Zentimetern eingekürzt. Aus der ersten Knospe unterhalb der Schnittstelle jedes alten Triebes wird nun ab Frühjahr ein starker Austrieb in die Höhe gehen. Ein moderner, öfterblühender Rosenstrauch, eine Teehybride, eine Polyanthahybride oder Floribundarose würde im ersten Sommer an der Triebspitze und auch schon an Verzweigungen ihre Blüten hervorbringen. Das aber ist bei den europäisch-vorderasiatischen Urrosen nicht der Fall, immer von der Herbstdamaszener abgesehen. Bei ihnen bilden sich am Haupttrieb und seinen Verzweigungen erst im folgenden Jahr Kurzsprosse mit Blüten. Dies muß bedenken, wer es nicht lassen kann, mit der Schere an allen Rosen herumzuschneiden. Vielfach wird empfohlen, die zuweilen hoch – zwei Meter wären es bei meiner 'Reine des Moussues' – aufwachsenden Triebe je nach Länge um ein Drittel oder die Hälfte zurückzuschneiden. Ich selber halte davon nichts, weil der Rose dadurch die Eleganz ihres natürlichen Wuchses genommen wird. Zu hohe Zweige werden von der Blütenschwere ohnehin in Augenhöhe und noch weiter herunter gedrückt.

Weitere, teilweise recht groß werdende Rosensträucher, die noch ganz den Charakter ihres Ursprungs behalten haben, obwohl sie teilweise züchterisch verändert und vor allem in den Wirkungen ihrer Blüten gesteigert worden sind

Abkömmlinge der Rosa pimpinellifolia. Auf die Art wurde bereits unter den aus Samen heranzuziehenden Wildrosen hingewiesen. Im Deutschen spricht man zuweilen von der Dünenrose. Daraus geht bereits hervor, daß es sich um einen bescheidenen, anspruchslosen Strauch handelt. Auch die Winterfestigkeit ist enorm. Frostgrade bis minus 30 Grad werden ertragen. Die meist nur meterhohen Sträucher haben ein feines Laub und duftende Blüten in Weiß und Gelb, die teilweise bereits im Mai erscheinen. Vor allem im Züchtungsgarten von W. Kordes ist eine ganze Reihe von Sorten entstanden. Zumindest ein einziger Strauch dieser Reihe gehört in jeden Garten. Das Erstaunliche an diesen Rosen ist ihre frühe Blütezeit, die in milderen Gegenden zuweilen noch in den Mai fällt. Deswegen findet man die Worte »Frühling« oder »Mai« auch stets in den Sortennamen wie 'Frühlingsgold' und 'Maiwunder'. Die Sträucher werden anderthalb bis zwei Meter hoch und sehr breit. Die je nach Sorte einfachen, halbgefüllten oder gänzlich gefüllten Blüten sind meist gelb, aber auch weiß oder rosa bis hellrot. Bei mir im Garten hatte ich zuweilen nur zu bemängeln, daß die verwelkten Blütenblätter nicht von selbst abfielen. Das aber kann mit der Luftfeuchtigkeit zusammenhängen, die hier herrscht. Übrigens gibt es eine Ausnahme von der Regel mit 'Frühling' und 'Mai', nämlich die großblütige, gefüllte, duftende, weiße Sorte 'Karl Foerster'. Es war ein guter Einfall des Züchters, gerade eine Pimpinellifolia-Rose auf den Namen des großen Staudenzüchters zu taufen. Denn nirgendwo paßt diese Art besser hin, als in eine Umwelt gleichzeitig blühender Iris, Lupinen und anderer Frühlingsstauden.

Abkömmlinge der Rosa moyesii. Man bekommt auch die Wildart selbst. Mir ist jedoch nicht bewußt, den Strauch schon gesehen zu haben. Gepriesen wird die alljährliche Fülle roter, einfacher Blüten. Der größte Zierwert soll in den vielen flaschenförmigen Hagebutten im Herbst liegen. Ich selbst kenne und habe im Garten nur die Sorte 'Marguerite Hilling'. Es ist nicht übertrieben, wenn ich diese Rose als Einmaligkeit bezeichne. Meine Auffassung wird von zahlreichen Gärtnern geteilt. Der bekannte Gartenarchitekt Karl Plomin in Hamburg legt wohl keinen einzigen Garten an, in dem die 'Marguerite Hilling' fehlt, sofern sich überhaupt eine stilistisch geeignete Situation für die Anpflanzung von Rosensträuchern ergibt. Diese Sorte besitzt das Talent, beispielsweise über eine Gruppe großer Steine hinwegzuwachsen, wobei sie sich völlig an deren Oberflächen anschmiegt. Später nimmt der Strauch eine glockenartige Form an. Die handtellergroßen, karminrosa

Rosa moyesii 'Eddie's Crimson', in der Blütenform nicht zu unterscheiden von der mehrfach erwähnten und erhältlichen 'Marguerite Hilling'.

Blüten erscheinen so dicht, daß man zur Zeit des ersten Flors kaum noch grünes Laub sehen kann. Mit diesem ersten Flor hat es aber längst nicht sein Bewenden. Das Blühen geht in gemäßigter Weise durch den ganzen Sommer, und im September kann es sogar recht stark werden.

Abkömmlinge der Rosa rubiginosa. Auch aus der Schottischen Zaunrose, die unter den aus Samen heranzuziehenden Wildrosen schon erwähnt ist, sind schöne Sorten hervorgegangen. An der Spitze dürfte 'Fritz Nobis' stehen. Der übermannshoch werdende Strauch trägt duftende, große gefüllte Blüten in rosa durchschimmertem Gelb.

Rosa rugosa 'Mme. Georges Bruant', eine während des ganzen Sommers blühende Sorte der bekannten Apfelrose in Rosa.

Abkömmlinge der Rosa rugosa. Die Wildart und die wildhaft gebliebenen Züchtungen wurden bereits vorgestellt. Es gibt aber einen Sproß dieser Rose, der keinesfalls übersehen werden darf, er heißt 'Conrad Ferdinand Meyer'. Man sieht es dieser mannshohen und weit nach allen Seiten mit langen Zweigen überhängenden Rose und ihren faustgroßen, gefüllten, duftenden roten Blüten nicht an, daß sie teilweise aus dieser Wildart hervorgegangen ist. Tatsächlich gehört zu ihren Eltern auch die berühmte Kletterrose 'Gloire de Dijon'. Aber man braucht für den prächtigen Rosenstrauch schon recht viel Platz.

Rosa hugonis. Über diesen Strauch mit seinen fein gefiederten Blättchen ist man im Mai immer wieder verwundert. Wie der Reihe nach aneinandergehängt sitzen die einfachen, talergroßen, schwefelgelben Blüten an den Zweigen. Zusammen mit den Sorten der *Rosa pimpinellifolia* sind es die ersten Rosenblüten des Jahres.

Rosa omeiensis f. *pteracantha.* Die Stacheldrahtrose wird weniger ihrer einfachen, weißen Blüten wegen gepflanzt. Geschätzt werden an dieser Rose die enorm breiten Stacheln. An den noch grünen, jungen Trieben sind diese Stacheln blutrot.

Eine der ersten, schönsten, gelben Wildrosen, deren Blüten an den Zweigen wie Perlen aufgereiht sind, ist Rosa hugonis.

Zuweilen sehr groß werdende Rosensträucher, die in der Regel mehrmals im Jahr blühen

Warum überhaupt einmalblühende Rosensträucher pflanzen, wenn es mittlerweile Rosen gibt, die öfter blühen? Sicherlich wird mancher Leser so fragen. Die Antwort ist auch gar nicht so leicht. Es ist aber oftmals so, daß neue Vorteile gegen gewisse Nachteile eingetauscht werden. Auch bei Pflanzen ist das der Fall. So gibt es nur ganz wenige öfterblühende Rosensträucher, von deren Blüten man wirklich sagen kann, daß sie duften. Das wird sich ganz bestimmt ändern, aber einstweilen ist das noch nicht der Fall. Vielfach mangelt es dem Wuchs dieser Sträucher auch an natürlicher Eleganz. Es kommt vor, daß die Büsche in die Höhe gehen und unten weder Verzweigungen noch Blätter haben. Die wilde Hundsrose ist dagegen ein Vorbild an Ebenmäßigkeit und Harmonie des Wuchses. Haben die älteren, einmalblühenden Rosen noch die Eigenarten der Ur-Rosen an sich, aus denen sie entstanden sind, so ist das bei den modernen nicht mehr der Fall. Man kann ihrem Wuchs, ihren Blättern, ihren Blüten die natürlichen Herkünfte nicht ansehen.

Demgegenüber steht jedoch der gewaltige Vorzug, daß diese Rosen während des ganzen Sommers blühen. Das tun sie zumindest immer dann, wenn sie richtig gepflanzt und richtig behandelt werden.

Betrachten wir uns des besseren Verständnisses wegen eine öfterblühende Strauchrose in meinem Garten, sie heißt 'Wilhelm' und wurde vor fünf Jahren gepflanzt. Es handelt sich dabei um die älteste öfterblühende Strauchrose, die noch immer vermehrt wird, sie stammt aus dem Jahr 1934. Ihre Entstehung ist eine von den beiden bedeutenden Geschichten der Rosenzüchtung, die in neuerer Zeit sozusagen umwälzend gewirkt haben.

Um die Jahrhundertwende gab es in Trier den Rosenzüchter Peter Lambert. Von ihm wurde etwa 1904 die Kletterrose 'Trier' herausgebracht. Im Erbgut dieser Sorte stecken die Tugenden der berühmtesten Rosen der jüngeren Züchtungsgeschichte. Das ist einmal die Chinarose mit ihrer Neigung, immerfort neue Sprosse zu bilden und zu blühen. Dazu gehört weiterhin die subtropische, kletternde und nach Moschus duftende *Rosa moschata*. Aus diesen beiden Arten entstand in Amerika eine ganz neue, gefüllte, blühfreudige Rose, die ebenfalls viel Neigung zu langen Trieben hat. In Frankreich wurden die Nachkommen und Varietäten dieser Rose dann als Noisette-Rosen bekannt. Eine der begehrtesten Noisette-Rosen ist noch heute die 'Maréchal Niel'.

Peter Lambert nun kreuzte die Sorte 'Rêve d'Or' mit der damals noch gar nicht lange bekannten vielblütigen *Rosa multiflora*. Das Ergebnis war die Kletterrose 'Aglaia', aus der schließlich 'Trier' entstand. Diese Sorte nun benutzte der Pfarrer Pemberton in England zu weiteren Kreuzungen. Es gelang ihm, eine Reihe von öfterblühenden Strauchrosen zu züchten, die sich auf dem Festland allerdings nicht als winterhart erwiesen. Aus einer der härtesten Sorten, 'Robin Hood', züchtete W. Kordes eine Rasse winterharter, öfterblühender Strauchrosen. Das erste Ergebnis seiner Bemühungen war die Sorte 'Eva'. Der in dieser Schöpfungsgeschichte erst an zweiter Stelle erschaffene Adam bekam den Namen 'Wilhelm'.

Nach dieser Geschichte dürfte es verständlich sein, daß meine Strauchrose lange Triebe aus dem Boden herauswachsen läßt, die bis zu zwei Meter hoch werden. Begreiflich ist auch, daß meine Rose nicht ganz duftlos ist. Erst recht ist zu verstehen, daß sie nach dem ersten Flor immer wieder durchtreibt und blüht.

Die aus dem Boden kommenden zehn bis fünfzehn Triebe tragen im Juli und im August in Höhen zwischen einem Meter und zwei Meter ganze Sträuße voll dichtgedrängter, dunkelroter Blüten an ihren Enden. Die im vorigen Jahr gewachsenen Triebe blühen an ihren Verzweigungen schon im Juni, daß nach dem Abschneiden der welkenden Blütenstände immer wieder neue Verzweigungen mit immer neuem Flor heranwachsen können. Und das geht so bis in den Herbst hinein. Und bei den anderen, öfterblühenden Strauchrosen ist es ähnlich. Und dieses unaufhörliche Durchtreiben fehlt den einmalblühenden Rosensträuchern. Sie haben dafür den Vorzug größerer Originalität, und sie sind – wie soll ich es sagen – charmanter. Es ist bedauerlich, daß die Sorte 'Wilhelm' in dem Katalog der Rosenschule, in der sie gezüchtet wurde, seit 1972 nicht mehr verzeichnet ist. Wahrscheinlich rechnen die Gärtner damit, daß vom Publikum das Neue als das Bessere angesehen wird. Vielfach ist das Neue aber nur insofern besser, als es bessere Preise bringt, nämlich für den Verkäufer.

Öfterblühende Strauchrosen besonderer Güte

Bayreuth. Kordes 1965. Eine der ersten modernen Strauchrosen mit duftenden, halbgefüllten, gold-gelb-rötlichen Blüten. Der Strauch wächst sehr aufrecht, läßt sich zu Hecken verwenden, wird zwei Meter hoch und fällt durch sein festes, blankes Laub auf. Frost soll er bis minus 15 Grad ertragen.

Bischofsstadt Paderborn. Kordes 1965, ADR-Rose*. Diese Rose hat zinnoberrote Blüten in Form von offenen Schalen. Die Blütenfarbe ist äußerst leuchtend, und sie hält auch den Witterungseinflüssen stand. Schön an dieser Sorte ist der reich verzweigte Wuchs. Der Gartenarchitekt Karl Plomin in Hamburg (Rosenbogen 2/70) bezeichnet die Sorte als am besten verwendbare Strauchrose in roter Farbe, sie erträgt Temperaturen bis minus 20 Grad.
* Eine Erklärung der Bezeichnung ADR-Rose befindet sich auf Seite 93.

Buisman's Triumph. Buisman 1953. Angesichts dieses Strauches wird mancher sagen: Hätte ich nur mehr Platz im Garten. Die nicht allzu sehr gefüllten Blüten in einem hellen, frischen Rot, wie es die Kirschen haben, sitzen in dichten Doldentrauben beieinander. Auch bei Regenwetter leiden die Farben nicht. Ich habe diese Sorte als schöngewachsenen, verzweigten, sich von unten her immer wieder erneuernden Strauch kennengelernt, der sich hervorragend für Hecken eignen dürfte.

Dirigent. Tantau 1956. Die blutroten, mittelgroßen, in der Mitte etwas helleren Blüten sitzen in dichten Büscheln, sie halten mit ihrer Farbe jedem Regenwetter stand. Auffallend sind die großen Blätter des mannshoch werdenden Strauches, der hübsch in die Breite wachsen kann.

Lichtkönigin Lucia. Kordes 1966. Die als ADR-Rose anerkannte Züchtung gilt als Spitzensorte aller Strauchrosen in gelber Blütenfarbe mit leichtem Duft. Mir selber

Eine der vielen Floribundarosen oder Polyanthahybriden, die als Blütensträucher in freiem Wuchs zu bester Wirkung kommen.

ist diese Rose mit ihrem zitronengelben Flor und den überhängenden Blütenzweigen allerdings nur flüchtig bekannt.

Oskar Scheerer. Kordes 1961. Die dunkelste aller roten Strauchrosen mit gefüllten, großen Blüten in dichten Büscheln. Die Sorte hat den eleganten Wuchs von Kletterrosen, die man ohne Klettermöglichkeit frei in den Garten stellt. Die Triebe bekommen Längen bis zweieinhalb Meter und bauen sich bögenförmig auf. Bei mir im Garten gedeiht diese Rose sogar, obwohl ihr eine breitgewordene Schwarzkiefer viel Sonnenlicht wegnimmt. Vielleicht liegt es daran, daß ich ihr Öfterblühen nicht sonderlich preisen kann.

Schneewittchen. Kordes 1958, ADR-Rose. Diese weiße Strauchrose kann gar nicht genug gerühmt werden. Die gefüllten, edelrosenähnlichen Blüten sitzen in schier unzähligen Mengen in riesigen Doldentrauben beieinander. Sicherlich kann ein ausgewachsener Strauch mehr als tausend Blüten haben. Ich kenne einzelne Pflanzen, die zwei Meter hoch sind und eine Fläche von vier Quadratmetern bedecken, und zwar elegant übergeneigt und bis zum Erdboden belaubt und voll Blüten.

Wilhelm. Kordes 1934. Eine von mir hochgeschätzte Rosensorte – ich sprach schon von ihr –, die bei mir im Garten von Juni bis November keinen einzigen Tag ohne Blüten ist, die eine besonders warm anmutende, rote Farbe haben, und in dichten Doldentrauben eng beieinandersitzen. Unermüdlich verjüngt sich der Strauch durch neue Triebe aus dem Boden, die in Meterhöhe erblühen und nach dem Abschneiden des welken Flors Mannshöhe erreichen, wo an den Verzweigungen der erste Flor des nächsten Jahres folgt. Die oft gepriesene Wuchselegenz kann ich indessen nicht bestätigen, der Strauch ist etwas steif, aber das macht nichts.

Feuerwerk. Tantau 1962. Das ist mir wirklich ein Feuerwerk, besonders im nebligen Herbst. Dann leuchten die vielen, leichtgefüllten Blüten weithin. Die rote Farbe ist etwas Besonderes, sie ist hell, es ist viel Gelb hineingemischt, es fehlt ihr etwas Tiefe, aber ihre Strahlkraft ist mächtig. Auch gegen den Regen scheinen die Blüten unempfindlich zu sein, der Strauch wird zwei Meter hoch.

Nymphenburg. Kordes 1954. Eine rosenhafte Rose, möchte ich sagen. Selbst völlig geöffnet sehen die sattrosa gefärbten, gelb durchschimmerten Blüten mit ihren dunkelbraunen Staubgefäßen schön aus. Und in welchen Mengen bringt dieser Strauch seine handtellergroßen Duftblüten hervor! Im September blühen die vielen Verzweigungen am alten Holz und die Spitzen der neu aus dem Boden gewachsenen Verjüngungen gemeinsam. Der Strauch wird, soweit er von mir beobachtet werden konnte, bis zu zwei Meter hoch.

Stadt Rosenheim. Kordes 1961. Eine als ADR-Rose anerkannte Sorte, deren Einmaligkeit in der Farbe ihrer mittelgroßen, dichtgefüllten Blüten liegt. In der Farbe steckt jenes Rot, das den Geranien eigen ist. Auf Fernwirkung ist dieser Rosenstrauch eingestellt. Im kleineren Garten könnte er zu laut sein und stören. Der Busch wird mannshoch.

Friedrich Heyer. Tantau 1956. Der Flor eng beieinanderstehender, mittelgroßer, leicht gefüllter Blüten erstreckt sich wie bei den vorigen Sorten dieser Gruppe bis in den Herbst. Das satte Rot ist von Gelb durchschimmert und hat somit eine starke Leuchtkraft. Das Besondere an dieser Rose scheint mir der harmonische Wuchs mit dünnen, leicht seitwärts geneigten Zweigen zu sein, die auch in Bodennähe nicht fehlen.

Elmshorn. Kordes 1951. Von weitem könnte man meinen, eine unserer reichblühenden, älteren Kletterrosen zu sehen. Die sattrosa, dicht und fest gefüllten, kleinen

Viele moderne Strauchrosen haben während des ganzen Sommers immer neu treibende Blüten, die derart dicht sitzen wie auf diesem Bild.

Blüten sitzen in riesigen Sträußen beieinander. Was den übermannshoch werdenden Strauch außer seiner rosa Blütenfarbe auszeichnet, das ist sein unermüdlicher Flor bis tief in den Herbst hinein.

Hanseat. Tantau 1961. Das ist eine ganz besondere Rose insofern, als bei ihr der sonst nur einmalige Wildrosenflor mit einfachen, rosa Blüten ein Dauerzustand geworden ist, denn sie blüht unermüdlich den ganzen Sommer über. Auch sehen die großen, edlen Blüten über dem dunkelgrünen Laub des übermannshohen Strauches sehr schön aus.

Casino. McGredy 1963. Handgroße, gelbe, gefüllte, etwas flache Blüten hat dieser Strauch; sie erinnern manchmal ein wenig an die alten Remontantrosen. Die Jahrestriebe werden zuweilen zwei Meter lang und blühen noch im September reichlich. Kein Wunder, da es sich um eine Züchtung handelt, die aus der *Rosa wichuraiana* entstanden ist.

Aloha. Boerner 1949. Das ist wohl eine der schönsten Rosensträucher, die es gibt. Anderthalb Meter hoch kann er werden, wobei es ihm hinsichtlich des Breitenwuchses durchaus nicht an Eleganz mangelt. Auffallend ist das blanke Laub und das dunkle Holz mit seinen hellen Stacheln. Am schönsten aber sind die faustgroßen, vollen, karminrosa Blüten.

Westerland. W. Kordes Söhne 1969. In dem Katalog der Züchterfirma wird die Neuheit als »schönste, farbenfreudigste, starkduftende Strauchrose« beschrieben. Daß es sich um die farbenfreudigste und um eine starkduftende Rose handelt, kann bestätigt werden. Ich stehe sogar nicht an, diese Neuzüchtung als *das* Rosenwunder unserer Tage zu bezeichnen. Auf der Insel Mainau ist im Sommer 1971 kein Rosenstrauch mehr bewundert worden als 'Westerland'. Der Strauch wird fast mannshoch und sehr breit, das sattgrüne Laub bleibt gesund, der reiche Flor hält bis in den Herbst hinein an, und das gelbdurchschimmerte Orange der Blüten ist ebenso einmalig wie der Duft. In diesem Fall ist »neu« mit »vortrefflich« gleichzusetzen.

Kletterrosen

Wenn jemand Rosensträucher im Rasen haben möchte, die im Sommer wie Blütenfontänen wirken, wenn er eine Laube oder einen Laubengang überwachsen, Rosen am Zaun entlangklimmen lassen oder prächtige Mauerblumen an seiner Hauswand haben will, dann soll er sich bei den Kletterrosen umsehen.
Vielfach wird noch immer von Rankrosen oder Schlingrosen gesprochen. Beide Ausdrücke sind falsch. Es gibt keine Rosen, die ranken oder sich – wie Bohnen etwa – in die Höhe schlingen können. Botanisch richtig müßte man bei Rosen mit sehr langen, stacheligen Trieben von Spreizklimmern sprechen. Das würde sich aber auf die Dauer recht komisch anhören. So bleibt man bei Kletterrosen. Und das Klettern haben viele Sorten von ihren Vorfahren in der freien Natur erlernt. Die Rose braucht eben viel Licht, um leben und blühen zu können. Und wenn ihr durch

Früheste Blüte im Mai: Rosa hugonis

Kletterrose 'Golden Showers', mit lockeren Blüten

'Duftwolke', sie hält, was der Name verspricht

'Nevada', Hybride der Rosa moyesii

Altbekannte Kletterrose 'American Pillar'

Mehrmals blühende Kletterrose 'New Dawn'

Kraftvolle Floribundarosa 'Europeana'

Reichblütig, nie enttäuschend, 'Gelbe Holstein'

hochwachsende Sträucher das Licht streitig gemacht wird, dann muß sie ihm eben nachwachsen. Mit ihren Stacheln kann sie sich ganz schön an fremdem Holz, an Zweigen oder auch an Steinen festhaken. Ich habe bei mir im Garten beobachtet, wie die Polyanthahybride 'Orange Triumph' zumindest immer so weit in die Höhe ging, daß sie mit Zweigen, Blättern und Blüten einen mächtig in die Breite und in die Höhe gewachsenen Pfitzer-Wacholder überragte. Es kann aber auch passieren, daß plötzlich eine Teehybride oder eine Floribundarose lange Triebe macht und zu klettern anfängt. Auf diese Weise sind die sogenannten Climbing-Sorten unserer großblütigen Edelrosen entstanden. Immer muß man aber die Langtriebe am Spalier, an den Gerüsten der Laubengänge oder an Drähten vor der Hauswand anbinden. Von selbst gehen die Rosen nämlich nicht in die Höhe, sie brauchen die Hilfe ihres Gärtners. Je luftiger sie es haben, desto besser gedeihen die Kletterer und desto gesünder bleiben sie. Man muß bedenken, daß diese Pflanzen in besonderem Maß den Einwirkungen des Wetters ausgesetzt sind.

Wir haben einmalblühende und während des Sommers öfterblühende Kletterrosen. Auch hier stellt sich die Frage, weshalb man nicht von vornherein die öfterblühenden Sorten pflanzt. Zwar erreicht auch bei ihnen die Blüte während des Hochsommers und frühen Herbstes niemals die Wucht des ersten Flors; von ausgesprochen sonnigen Spätsommerwochen abgesehen, die uns beispielsweise 1969 einen gewaltigen Septemberflor aller Rosen brachten. Aber immerhin, es ist äußerst hübsch und reizvoll, während der Monate bis zum Oktober stets blühende Kletterrosen zu haben, wenn es zuweilen auch nur wenige sind. Es gibt eigentlich nur einen einzigen Nachteil der öfterblühenden Sorten gegenüber den älteren Kletterrosen, und das ist ihr geringerer Höhenwuchs. Darauf kann es aber bei diesen Rosen in entscheidendem Maße ankommen. So werden beispielsweise nur die einmalblühenden Sorten in dem Katalog von Mathias Tantau unter dem Sammelbegriff »Kletterrosen« zusammengefaßt. Dagegen befinden sich die mehrmals in Blüte kommenden Sorten in der Rubrik für öfterblühenden Strauchrosen; und das ist, einstweilen wenigstens, ganz richtig. Es geht aber auch hier nicht ohne Einschränkungen und Ausnahmen. So blühen die kletternden Sports der Teehybriden und Floribundasorten durchaus des öfteren, und sie können einen beachtlichen Längenwuchs erreichen. Dasselbe ist bei der altbekannten wirklichen Kletterrose 'New Dawn' und einigen anderen in Vergessenheit geratenen Sorten der Fall.

Kletterrosen, die in der Regel nur einmal im Sommer blühen

In den Katalogen und auch auf Namensschildern findet man zuweilen die beiden Abkürzungen »Mult« und »Wich.«. Die Bezeichnungen sind nicht unwichtig, denn

Rosen aus dem vollen. Umrankter und umblühter Innenhof auf Schloß Höhenried am Starnberger See.

Nachahmenswertes Beispiel, und nicht nur für die Bundesbahn: Außenbahnsteig am Hauptbahnhof in Wiesbaden mit Kletterrosen.

sie geben Aufschluß über die Wuchsart der jeweiligen Sorten. Aus der Abkürzung Mult. geht hervor, daß die Sorte aus der *Rosa multiflora* entstanden ist. Die Nachkommen, vielfach fast stachellos, haben also etwas von dem kräftigen Wuchs der Wildart an sich, sie sind hart und lassen sich nicht gar so leicht überreden, in bestimmte Richtungen zu wachsen. Ganz anders und viel schmiegsamer sind die Kletterrosen, die aus der *Rosa wichuraiana* entstanden sind, was abgekürzt mit Wich. zur Kenntnis gegeben wird. Diese *Rosa wichuraiana* hat allen Nachkommen ihre Biegsamkeit, ihr glänzendes Laub und ihre Neigung zu edelrosenähnlichen Blüten vererbt; die berühmteste Wichuraiana ist unsere 'New Dawn'.

Aus der Rosa multiflora entstandene Sorten

Tausendschön. 1906. Eine der ersten Kletterrosensorten, die wegen ihres ungeheuer reichen Flors noch immer beliebt und überall anzutreffen ist. Die rundlichen rosa Blüten sitzen in dichten Dolden, sind aber nicht immer sauber in der Farbe. Leicht erreicht diese Rose eine Höhe von drei bis vier Metern. Allzu empfehlenswert ist diese Sorte nicht mehr.

Veilchenblau. 1909. Das Blau der kleinen, rundlichen Blüten wird rot durchschimmert. Es ist eine ganz besondere Rose, die noch dazu duftet. Die Widerstandsfähigkeit dieser Sorte, auch gegen den Frost, wird häufig gerühmt. Der Wuchs kann bis in Höhen von sechs Metern gehen.

Aus der Rosa wichuraiana entstandene Kletterrosen

New Dawn. Siehe unter öfterblühenden Kletterrosen

Dorothy Perkins. 1902. Schon an dem glänzenden, feinen Laub ist die Abstammung zu erkennen. Die Sorte hat allerdings viel von ihrer Beliebtheit verloren, weil sie leicht Mehltau bekommt. Man müßte ihr also einen recht luftigen Standort geben. Die kirschrosa Blüten stehen in dichten, manchmal von ihrer Last weit überhängenden Büscheln. Fünf Meter hoch wächst 'Dorothy Perkins' leicht.

Excelsa. 1909. Eine noch immer beliebte, spätblühende Sorte, die man auf dem Land und vor allem in Frankreich häufig sieht. Die leuchtend roten Blüten stehen auch bei dieser Sorte in dichten Büscheln. Nach dem Flor muß man sie abschneiden, denn sie sehen verblüht nicht schön aus. Der schmiegsame Wuchs kann Höhen über sechs Meter erreichen.

'Golden Glow', starkwachsend, mit gutem Duft

Prächtig, aber kaum erhältlich, 'Parade'

Rosen auf der Freundschaftsinsel in Potsdam

Moderne Strauchrose als Heckenrose

American Pillar. 1902. Wer im Juni durch das mittlere Frankreich bis zur Atlantikküste fährt, wird den Flor dieser Kletterrose nie mehr vergessen. Die wiederum in dichten Bündeln sitzenden einfachen Blüten sind karminrosa und haben in der Mitte einen weißen Fleck. Ich sah diese Rose schon, wie sie sich vier bis fünf Meter hoch vom Zaun in die Obstbäume eines Bauerngartens hineingeschlungen hatte.

Fräulein Octavia Hesse. 1910. Das ist die Sorte mit dem stärksten Wuchs von allen Kletterrosen, sie kann bis zehn Meter lang werden. Die edelrosenhaften Blüten sind reinweiß und duften.

Direktoer Benshop. 1945. Eine weiße, weithin duftende Kletterrose von besonderer Schönheit. Nach dem vollen Flor gibt es während des ganzen Sommers eine bescheidene Nachblüte. Die Sorte kann Höhen von fünf Metern erreichen. Leider ist diese Rose nur noch selten in unseren Baumschulen zu bekommen.

Gerbe Rose. 1904. Eine besonders stark wachsende, bis neun Meter hoch werdende Kletterrose mit tiefrosa gefüllten Blüten, die einen starken Duft haben. Man sieht die Sorte häufig in Bauerngärten.

Dr. Walter van Fleet. 1910. Die rosablühende Sorte ist im Ausland noch anzutreffen, doch bei uns scheint sie völlig aus den Kulturen verschwunden zu sein. Sie wird hier dennoch aufgeführt, weil es sich um die Ausgangsorte einer unserer berühmtesten Kletterrosen handelt. Aus ihr ging nämlich durch eine Mutation die Sorte 'New Dawn' hervor, die unter den öfterblühenden Kletterrosen beschrieben ist.

Golden Glow. 1937. Eine Sorte mit goldgelben, duftenden, edelrosenhaften Blüten, deren Hauptflor meist schon in den Juni fällt; doch geht das Blühen mehrere Wochen hindurch. Eine hervorragende Rose, deren welkende Blüten man aber sorgsam abschneiden muß, denn sie wirken unschön.

Paul's Scarlet Climber. 1916. Das ist ohne Zweifel die am meisten angepflanzte rote Kletterrose mit großen, gefüllten Blüten in reichem Flor. Wenn überhaupt Rosen in sonnige Vorgärten, an Zäune oder Hauswände gepflanzt werden, dann ist diese Sorte bestimmt dabei. Sie erreicht Höhen bis etwa vier Meter. Von welchen Vorfahren sie eigentlich abstammt, das scheint nie richtig geklärt worden zu sein.

Flammentanz. 1955. Hierbei handelt es sich um eine Hybride der *Rosa rubiginosa*, der Schottischen Zaunrose. Man darf wohl sagen, daß die vorher erwähnte 'Paul's

Von der gelblichweißen bis cremefarbenen Noisette-Rose 'Mme. Alfred Carrière' überwachsenes Haus in England.

Scarlet' damit übertroffen worden ist. Höhen von fünf Metern erreicht die Sorte leicht. Bei mir im Garten steht ein frei gewachsener Busch, der vor fünf Jahren gepflanzt worden ist. Der elegant wirkende Strauch mit seinen weit übergebogenen und auf dem Rasen aufliegenden Trieben hat eine Höhe von drei Metern und einen Durchmesser von sechs Metern. Flammentanz blüht derart reich, daß es überhaupt nicht auffällt, wenn man einen Teil der Knospen vorher abschneidet. Es erfolgt dann ein Durchtrieb und erneute Knospenbildung vier Wochen später. So findet zwar nicht den ganzen Sommer über ein Flammentanz statt, doch das andauernde Störfeuer der roten Blüten ist recht hübsch.

Maréchal Niel. 1864. Die berühmte Sorte gehört in diesen Zusammenhang. Allerdings kann man sie nur in ausgesprochen milden Gegenden im Freien anpflanzen. Es handelt sich um eine der ersten Noisette-Rosen, vielfach auch unter Teerosen geführt. Eine kletternde Rose mit leicht nickenden, edlen, gefüllten, duftenden, gelben Blüten. Meine eigene 'Maréchal Niel' steht in einem Lärchenholzkübel. Wenn immer es möglich ist, stelle ich sie im Januar unter Glas, und zwar bei einer Temperatur von 10 Grad. Ab Februar sorgt die Sonne dann für Wärme. Der volle Flor Ende März/April ist immer wieder ein Erlebnis. Nur die kleinen, scharfen Stacheln an den langen Trieben sind lästig.

Kletterrosen, die in der Regel öfter im Sommer blühen

Gloire de Dijon. Jacetot 1853. Das ist noch eine ganz echte Teerose. Die gefüllten, großen, etwas flachen Blüten sind von dunkelgelber Farbe. Es scheint aber, als ob nicht alle Pflanzen gleichermaßen jene Blütenschönheit hervorbringen, von der in alten Büchern viel zu lesen ist. Angeboten wird die starkwüchsige Sorte noch immer, sie klettert ihre sechs bis sieben Meter hoch und hält zumindest in milderen Gegenden den Winter aus.

New Dawn. Somerset 1930. Die bekannte Sorte wurde aus bestimmten Gründen schon unter den einmalblühenden Rosen vermerkt. Doch blüht sie des öfteren, zumindest zweimal, wenngleich auch der erste Flor an Fülle nicht mehr erreicht wird. Die edelrosenartigen, reinrosa Blüten, deren Blätter nach dem Flor säuberlich abfallen, sind allgemein bekannt. Nicht weniger bekannt ist der geschmeidige Wuchs und die dunkelgrüne, glänzende, auch über den Winter hinweg anhaltende Belaubung. Wer die 'New Dawn' gut behandelt, der kann mit einer Pflanze gut und gern Zaunlängen von 15 Metern überwachsen lassen. Es ist in ihrer Farbe zweifellos die beste und beliebteste Kletterrose in der Welt.

Coral Dawn. Boerner 1952. Es war sicherlich beabsichtigt, mit dem Namen eine Gedankenverbindung zu der bekannten Weltsorte zu schaffen, als würde es sich um eine Verbesserung in einer satteren Farbe handeln. Tatsächlich ist das Korallenrosa dieser Neuerung auch wunderschön, und die duftenden Blüten sind sogar – bei mir wenigstens – länger haltbar. An Wuchsleistung und Reichblütigkeit wird 'Coral Dawn' von der älteren 'New Dawn' weit übertroffen.

Blaze Superior. Jackson & Perkins 1954. Die Sorte wird oft angeboten und wird hier nur aus diesem Grund vermerkt. Es soll sich um eine Verbesserung der Sorte 'Blaze' handeln, die zeitweilig als sozusagen öfter blühende 'Paul's Scarlet Climber' beliebt war. Leider hat 'Blaze' die Versprechungen nicht gehalten, und auch 'Blaze Superior' ist zweifelhaft. Die 'Paul's Scarlet' wurde damit nicht erreicht. Und an öfterblühenden Kletterrosen gibt es bessere Sorten.

Blüten noch bis St. Nikolaus, 'Wilhelm'

Rosa pimpinellifolia, Bibernellrose

Rosa pimpinellifolia, Bibernellrose

Öfterblühende Strauchrose 'Bonn'

Parade. Boerner 1953. Eine dunkelrosa Kletterrose mit faustgroßen, gefüllten Blüten, die sogar auf recht langen Stielen sitzen. Eigenartigerweise wird die wüchsige, gesunde Sorte selten angeboten; das ist wirklich unverständlich. Im Grugapark von Essen stehen einige Pflanzen dieser Sorte, und sie begeistern immer wieder das Publikum.

Golden Showers. 1958. Zitronengelbe bis goldgelbe Edelrosenblüten bekommt diese Sorte. Die Blüten sitzen in lockeren Sträußen beieinander und halten – ein Vorzug vieler gelber Rosen – die Farbe bis zum Verblühen bei. Ich kenne allerdings keine Pflanze, die größer als etwa zwei Meter geworden ist.

Goldfassade. Eine neu in Elsmhorn entstandene Sorte, von der viel Rühmliches berichtet wird. Ich habe schon Fotos gesehen, die eindrucksvoll waren. Anscheinend kann die Sorte wirklich eine niedrigere Hausfassade mit ihren Blüten bedecken. Selbst gesehen habe ich die Rose leider noch nicht.

Goldstern. Tantau 1966. Es ist mit dem Gelb der Kletterrosen so eine Sache. Für viele Menschen wirkt es zu ausgewaschen, zu blaß. Hier ist indessen eine Sorte mit wirklichem Goldgelb und gefüllten, mittelgroßen Blüten in ununterbrochenem Sommerflor. Höher als zwei Meter habe ich diese Rose noch nicht gesehen, doch soll sie es auf drei Meter schaffen.

Royal Gold. Jackson & Perkins 1958. Ebenfalls eine goldgelbe, dicht gefüllte Rose mit schlanken Blütenknospen, gutem Duft und Farbbeständigkeit. Der Höhenwuchs indessen ist gering, man kann eigentlich nicht von einer Kletterrose sprechen, auch soll sie nicht absolut winterfest sein.

Die öfterblühenden Kletterrosensorten der Rosa kordesii

Die Entstehung dieser Rosen ist eine der schönsten Geschichten, die es im Zusammenhang mit Gärtnern und Pflanzen gibt. Allerdings kann sie hier nur in Stichworten angedeutet werden. Das Charakteristische der beiden Wildarten *Rosa rugosa* und *Rosa wichuraiana* habe ich ja bereits dargelegt. Von diesen Rosen gibt es eine Kreuzung mit Namen 'Max Graf', die über die Tugenden beider Eltern verfügt. Nur sind Kreuzungen mit dieser Sorte 'Max Graf' unfruchtbar geblieben, was mit

Die sommerlang blühende, rosa Kletterrose 'New Dawn' an einem Bauernhaus in der Südpfalz.

Überraschung für die nächsten Jahre. Neue, noch namenlose Kletterrosenzüchtung aus den USA.

den Chromosomenverhältnissen zusammenhängt. Nach vielen Jahren voll unermüdlicher, geduldiger Bemühungen gelang es schließlich Wilhelm Kordes, einen einzigen Sämling zu erzielen, der für Züchtungszwecke geeignet war. Aus den Kreuzungen zwischen diesem einen von vielen Tausend Sämlingen und edlen Gartenrosen entstanden die modernen, öfterblühenden und frostharten Kletterrosen der *Rosa kordesii*.

Sympathie. 1964. Jeder der vielen Blütenstände trägt bis zu 12 und 15 handtellergroßen Blumen, die dunkelrot sind und ungefähr zwanzig Blätter haben. Der Flor hält mit gewissen Pausen von Juni bis zum Herbst an, er kann bei sonnigem Spätsommerwetter im September besonders reich sein. Ich habe bislang nur Pflanzen mit alljährlichen, starken Neutrieben aus der Basis heraus gesehen, und zwar in Höhen bis drei Meter und sogar noch höher.

Die übrigen Sorten der *Rosa kordesii* ähneln sich mit Ausnahme der wechselnden Farbschattierungen sehr. Alle sind sie mehr oder weniger gefüllt. Je nach Standort und Temperatur duften sie ein klein wenig oder öfter auch stärker, sie sind winterfest, blühfleißig und lassen auch im Wuchsbild keine auffallenden Unterschiede erkennen.

Sorten in Rosa: Karlsruhe, Köln am Rhein.
Sorten in Rot: Gruß an Heidelberg, Hamburger Phönix, Dortmund.
Sorten in Gelb: Leverkusen.
Sorten in Weiß: Ilse Krohn, Superior.

Sommerlang blühende Rosenbüsche, die in der Regel niedriger bleiben oder doch durch geeignete Maßnahmen etwa in Meterhöhe und darunter gehalten werden können

Das sind nun die auf Gartenbeeten und in öffentlichen Anlagen teilweise in großen Mengen ausgepflanzten Sorten, die teilweise auch als Beetrosen bezeichnet werden. Ihr Erscheinungsbild ist derart unterschiedlich und durch ständig auf den Markt kommende Neuzüchtungen einer ständigen Wandlung unterworfen, daß sie sich nur schwer in eine sinnvolle Gliederung bringen lassen. Von sonstigen, teilweise recht widersinnigen Kennbegriffen abgesehen, kann man diese Rosen in drei Gruppen einteilen.

Die drei Gruppen

Die erste Gruppe bilden die sogenannten *Teehybriden*. Der Name ist auf die alte, duftende, großblütige Teerose zurückzuführen, die im Laufe der Zeit mit zahllosen anderen Rosen gekreuzt – hybridisiert – worden ist. Wir verstehen darunter noch immer die dichtgefüllte, große, edle Duftrose, die einzeln von einem längeren Stiel getragen und gern als Schnittblume verwendet wird. Wenngleich es manchen modernen Sorten an deutlich wahrnehmbarem Duft mangelt, so entsprechen sie sonst doch den Vorstellungen, die wir von diesen Rosen haben. Lediglich mit der einzelnen Blume am Stiel stimmt es nicht immer oder doch nur allenfalls beim ersten Flor im Juni/Juli. Die aus der Basis kommenden und im Laufe des Sommers emporwachsenden Neutriebe präsentieren sich bei fast allen Teehybriden im August als teilweise vielverzweigte Blütenbäume; und der Höhenwuchs dieser Rosen-Sommersträuße ist vielfach doppelt so hoch als die Sortenhöhe in den Katalogen angegeben wird. So wird beispielsweise für die Sorte 'Liebeszauber' eine Höhe von 50 cm vermerkt, während ich die Höhe des zweiten Flors mit 120 cm gemessen habe. Bei den übrigen Sorten der Teehybriden ist es nicht viel anders.

Die zweite Gruppe bilden die *Polyanthahybriden*. Sie sind auf die wilde *Rosa multiflora* zurückzuführen, die vorübergehend als »Rosa polyantha« bezeichnet worden ist. Im allgemeinen können in diese Rubrik alle vielblütigen Sorten eingereiht werden, von denen man sagt, daß sie einfach oder halbgefüllt blühen. Eigentlich müßten in diesem Zusammenhang auch jene Sorten erwähnt werden, die kleine, vielblättrige, dicht zusammengedrehte, gefüllte Blüten von zuweilen runder Form haben. Doch weil sie weniger auf Gartenbeete und mehr in Blumentöpfe und Balkonkästen gepflanzt werden, sollen sie erst später an die Reihe kommen.

Die dritte und für eine Gartenbepflanzung wichtigste Gruppe stellen die *Floribundarosen* dar; floribunda heißt reichblütig. Es sind durchweg gefüllte Rosen mit den Blütenformen der Teehybriden, nur daß sie hier ganz offiziell und erlaubt in ganzen Sträußen an einem Stiel erscheinen. Angesichts der häufigen Vielblütigkeit von Sorten, die als Teehybriden bezeichnet werden, sind die Unterscheidungen nicht immer einfach. Auch wird von manchem Gärtner diese und jene Floribunda als Teehybride geführt, weil er den Namen einfach für werbekräftiger hält. Mir ist es am häufigsten bei der Sorte 'Duftwolke' aufgefallen, die ja nun wirklich Blüten in einer Größe hat, wie man sie allenfalls bei Teehybriden vermutet, die ja auch oft als großblumige Rosen oder Edelrosen bezeichnet werden.

Was heißt schon Edelrose?

Edelrose, das ist ein besonders irreführendes Wort. Denn daraus kann man schließen, daß es sich bei den Polyanthahybriden und Floribundarosen um unedle Rosen handelt. Und wer wollte behaupten, daß – um nur ein einziges Beispiel zu nennen – die 'Queen Elizabeth' auch als Floribundarose in bezug auf ihre Abstammung und ihre vornehme Erscheinung von Adel, also edel, ist. Wir sollten uns wohl bald klarere Gruppierungen einfallen lassen. Ich gestehe jedoch, keine besseren Vorschläge machen zu können. Klar ist mir lediglich, daß die Entwicklung unserer

Typisches Blütenbild einer Teehybride. Die Blume sitzt einzeln auf dem Stiel.

Garten-Beetrosen zu Sträuchern führt, die pausenlos während des ganzen Sommers viele, große, gefüllte und allmählich auch wieder duftende Blüten haben. Es sind also Rosen, die wir derzeit zu den Floribundas zählen. In dem Katalog 1962/63 der Rosenschule W. Kordes waren 64 Polyanthahybriden und 82 Floribundarosen aufgeführt. Im Katalog 1972/73 dagegen waren es 39 Polyanthahybriden und 95 Floribundarosen. Fünf davon waren sogar als Floribunda-grandiflora und eine als Floribunda-gigantea bezeichnet.

Auch bei den Rosen geht es nach der Mode
Das Unerfreulichste bei der Arbeit an diesem Buch sind nun die mit Bestimmtheit erwarteten Sortenempfehlungen. Eigentlich darf man so etwas gar nicht machen. Es gibt Hunderte und Aberhunderte von Namen. Zwischen den Baumschulen in Europa und in Übersee entstehen immer regere Geschäftsverbindungen. Auch aus Amerika und gar aus Japan kommen Rosenzüchtungen auf unseren Markt. Es soll sogar schon passiert sein, daß in Deutschland verbreitete Rosensorten nur mit anderem Namen aus dem Ausland eingeführt und als Neuheiten gefeiert worden sind. Auch ist es bisweilen schwierig, an bestimmte Sorten heranzukommen. Nicht jeder Gärtner kann alle Züchtungen zur Verfügung halten.
Schließlich ist auch der Rosenfreund der unaufhörlichen Propaganda und den Einflüsterungen der Mode ausgesetzt. Und Mode wird stets von denjenigen gemacht, die etwas daran verdienen wollen. Keinem Modemacher ist das übelzunehmen, und auch dem Rosenzüchter nicht. Es kostet Geld und die Geduld vieler Jahre, bis eine neue Rose entsteht. Wer wollte es einem Züchter verargen, daß er die gegebenen Möglichkeiten nützt und seine neue Rose unter Warenzeichenschutz stellt. Nur demjenigen Gärtner wird die Vermehrung dieser Sorte gestattet, der für eine bestimmte Mindestzahl eine Lizenzgebühr abgibt. So wird verständlich, daß neue Rosen teuer sind. Aber es ist keine einzige Sorte teurer als ein guter Kinoplatz, und während der Film allenfalls zwei Stunden läuft, wächst und blüht eine Rose jahrzehntelang. Das Dilemma für uns kleine Gärtner liegt nur darin, daß jeder Züchter mit Sicherheit in jedem Jahr einige Neuheiten herausbringt, weil damit einfach für eine Spanne von fünf Jahren mehr zu verdienen ist. So kommt es, daß die Sortenzahl ständig zunimmt. Weil nun kein Gärtner an großen Sortimenten interessiert ist, könnte es vorkommen, daß ältere und möglicherweise tadellose Sorten aus dem einfachen Grunde nicht mehr angebaut werden, weil die neueren Züchtungen bessere Gewinne bringen. Und hier liegt der Segen öffentlicher Rosengärten, besonders aber des neugegründeten Rosariums des Vereins deutscher Rosenfreunde in Dortmund. Denn die Pflanzungen in diesen Gärten erfolgen nach anderen Prinzipien als nach denjenigen des Geschäfts.

Rosen im Rosarium und Rosen im Hausgarten sind nicht dasselbe

Aber auch die Sortenbeobachtungen eines Rosariums, wie es in Dortmund entstanden ist, lassen sich nicht so ohne weiteres auf den Garten übertragen. Das gilt für die Prüfgärten der ADR-Rosen ebenso wie für alle städtischen, staatlichen und im Bereich unserer gärtnerischen Lehr- und Forschungsanstalten gelegenen Pflanzungen. Nur wenige Minuten von meinem Hause entfernt sind die berühmten und mustergültigen Rosenpflanzungen der Gönner-Anlage in Baden-Baden. Dennoch sind die Beobachtungen dort und in meinem Garten bei denselben Sorten recht unterschiedlich. Die Ursachen dieser Unterschiedlichkeit sind völlig klar. Erstens wird den Rosen in den erwähnten Gärten ein Optimum ihrer Lebensansprüche erfüllt. Zweitens sind alle diese Anlagen ausschließlich auf Rosen ausgerichtet, nicht aber wie ein Hausgarten ganz allgemein und auch bei mir auf alle möglichen Koniferen, Rhododendronarten, Blütengehölze, Stauden, Frühkartoffeln, Obstbäume, Beerensträucher und Gemüse. Drittens stehen für die Pflege dieser Rosengärten nicht nur alle Geräte, Dünge- und Spritzmittel zur Verfügung, sondern auch gelernte Gärtner, die sich hauptberuflich zumindest zu bestimmten Zeiten des Jahres ausschließlich mit den Rosen beschäftigen können. Im Hausgarten jedoch, sofern jemand von den Rosen nicht geradezu besessen ist, kommt diesem Thema selten eine Ausschließlichkeit zu. Ich muß zunächst meiner beruflichen Arbeit nachgehen, damit der Schornstein raucht. Der Garten kommt erst an zweiter oder dritter Stelle. An den meisten Wochenenden reicht es gerade noch, den Rasen zu schneiden und die verdammten Winden aus der Schneeheide zu zupfen. Dann kommt in den Sommerferien alles durcheinander, so daß danach vier Wochen lang Ordnung gemacht werden muß, und schon steht der Herbst vor der Tür. Wo bliebe da nun Zeit, sich intensiv mit den Rosen und ihrer Pflege zu beschäftigen? Und so kommt es wohl, daß ich manche Rose nicht preisen kann, die makellos im Rosarium von Dortmund oder in der Gönner-Anlage von Baden-Baden zu besichtigen ist.

Aus diesem Grunde haben mich auch Empfehlungen von Rosensorten in Büchern und Zeitschriften nie sonderlich interessiert. Wenn sie nicht selbst hauptberufliche Rosengärtner sind, dann haben die Autoren bestenfalls ihre Sortenkenntnisse in den erwähnten öffentlichen Gärten gesammelt, die mit fachlicher Akkuratesse betreut werden. Und diese Erfahrungen sind in einen normalen Garten nicht übertragbar. In einem üblichen Hausgarten wird es aber auch nicht möglich sein, zweihundert verschiedene Rosen zu pflanzen, um nunmehr für den Besitzer anderer Gärten einige brauchbare Sortenerfahrungen zu sammeln.

Außerdem ist es bei fast allen Gärten so, daß sie in den ersten Jahren nach ihrer Neuanlage recht rosenfreundlich sind. Auch bei mir konnten, als der Garten vor

Porträt einer Floribundarose mit schon mehreren Knospen für den nächsten Flor.

zwölf Jahren erstmals bepflanzt wurde, über hundert Rosen wachsen und gedeihen. Inzwischen ist der Fichtenwald hinter dem oberen Gartenrand ebenfalls zwölf Jahre lang in die Höhe gewachsen. Außerdem haben sich Bäume und Sträucher derart ausgebreitet, daß die Rosen nur noch an wenigen Plätzen genug Licht bekommen, um ihre ganze Schönheit entfalten zu können.

Ich schreibe dies, um einige Vorbehalte verständlich zu machen. Meine Sortenangaben besagen nicht, daß die vielen sonstigen, unerwähnt gebliebenen Rosensorten weniger gut und weniger schön sind. Auch möchte ich nicht, daß die Listen als Empfehlung aufgefaßt werden. Weiß ich doch nur zu gut, daß Pflanzen keine Bausteine sind, mit denen sich in jedem Garten die gleichen Türen, die gleichen Brücken oder die gleichen Treppen bauen lassen. Es handelt sich bei den aufgeführten Sorten ganz schlicht um Rosen, die mir gefallen und mit denen ich mich bereits kürzere oder längere Zeit beschäftigt habe. Auch die Sortenbeobachtungen, die Dipl.-Gartenbauinspektor Ludwig Herr, Betreuer der Gönner-Anlage von Baden-Baden, gemacht hat, wurden bei den Listen berücksichtigt.

Polyanthahybride im Massenflor.

TEEHYBRIDEN

Rot

Americana. Jackson & Perkins 1961. Dunkes Laub, dunkelrote Blüten, guter Duft.

Baden-Baden. Kordes 1952. Schönes Rosenrot, sehr reichblütig, besonders stark duftend.

Baronne E. de Rothschild. Meilland 1968. Hellrot, die Rückseite der Blütenblätter ist silbrig, die Blüten sind stark gefüllt, und sie duften.

Champs-Elysées. Meilland 1973. Feurigrot und dick gefüllt, die Knospe ist schlank. Außerordentlich kraftvoll wachsende Rose. Bei mir gedieh sie jahrelang sogar im Halbschatten, wo der Strauch meterhoch wurde. Gartendirektor Raff von der Insel Mainau bezeichnet die Sorte als beste rote Teehybride schlechthin.

Charlotte Armstrong. Armstrong 1947. Die eleganten Blüten haben das schöne Rot reifer Kirschen. Man sollte sie aber nur pflanzen, wenn auf elegante Schnittblumen Wert gelegt wird, denn der Wuchs des Strauches ist nicht immer erfreulich.

Crimson Glory. Kordes 1935. Die dunkelrote, sehr edel anmutende Sorte galt lange als stärkste rote Duftrose überhaupt. In dieser Eigenschaft dürfte sie, etwa von 'Papa Meilland', übertroffen worden sein. Tatsächlich trifft man sie neuerdings seltener an. Man schätzt es nicht, daß sich die Blüten wegen des zu dünnen Stieles ein wenig neigen. Mir selbst gefällt diese zarte Gebrechlichkeit gut, besonders an Kronenbäumchen.

Fritz Thiedemann. Tantau 1959. Die Blüten haben ein weithin leuchtendes Ziegelrot, das sich aber noch in angenehmen Grenzen hält. Die Leuchtkraft ist stark. Es scheint aber, als ob die Sorte im Hervorbringen von Blüten nicht sehr eifrig ist.

Erotica. Tantau 1968. Nomen est omen. Eine faszinierende Rose. Schon das blauschwarze Holz mit den roten Stacheln und den mattgrünen Blättern ist aufregend. Die dunkelroten Duftblüten entfalten sich aus schwarzroten Knospen.

Herzog von Windsor. Tantau 1966. Das Lachsrot der gefüllten, schönen Blüten wird von Gelb durchschimmert. Es ist in dieser Hinsicht eine besondere Rose. Mit Blüten ist Seine Hoheit aber nicht gar zu freigiebig.

Josefine Bruce. Bees 1959. Auch bei dieser Sorte sind die schlanken Knospen schwarzrot. Und diesen dunklen Glanz, manchmal mit Samt verglichen, behalten auch die großen, etwas duftenden Blüten bei.

Papa Meilland. Meilland 1959. Eine dunkelrote, ungemein stark und angenehm duftende Rose mit großen Blüten. Den Vorteilen stehen gewisse Nachteile gegenüber. Die rote Farbe verblaut leicht, der Strauchwuchs ist zuweilen gar liederlich zu nennen, und eine gewisse Anfälligkeit für den Mehltau kommt noch hinzu.

Roter Stern. Ich habe noch nicht herausbekommen, wer diese Sorte gezüchtet hat. Es scheint jedoch eine Verwandtschaft zu der berühmten roten Treibrose 'Baccara' zu bestehen, die aus dem Zuchtgarten von Meilland kommt. Die Außenseiten der Blütenblätter sind ebenso dunkelrot, stellenweise fast schwarz. Die sich entfaltende Blume nimmt eine ziegelrote Farbe an. Es ist eine sehr ertragreiche, robuste Sorte, besonders für den Blumenschnitt im Freiland.

'Sierra Dawn', eine Teehybride aus den Armstrong Nurseries in den USA.

Super Star. Tantau 1960. Das ist ja wohl die berühmteste Rose unserer neueren Zeit. Die rote, leuchtende Farbe geht mehr ins Orange, man spricht auch von Salmorange. Wuchs, Blühfreudigkeit und Gesundheit dieser Sorte werden allenthalben, auch von Rosenliebhabern, gepriesen. Wenn ich selbst noch kein Dauerglück mit 'Super Star' gehabt habe, so ist das sicherlich auf meine eigene Ungeschicklichkeit beim Umgang mit dieser Sorte zurückzuführen.

Rosa

Ballet. Kordes 1958. Das vornehme Rosa dieser Sorte wird gelegentlich als altfranzösisch bezeichnet, wer weiß warum. Auffallend ist das frische Grün der Blätter. Ein erfahrener Rosengärtner, den ich befragte, sagte mir: Es ist eine Sorte, die man einfach nicht kaputt kriegt.

Carina. Meilland 1963. In das Rosa ist ein klein wenig Kirschrot hineingemischt, was den Blüten so viel Frische gibt. Der Strauch wächst recht stark. Es ist vor allem eine Rose für die Vase.

Michèle Meilland. Meilland 1945. Helles zartes Rosa und zarter Duft, eine recht mädchenhafte Rose mit trotzdem starkem, buschigem Wuchs.

Pink Peace. Meilland 1959. Mit ihren dunkelrosa, dicht gefüllten, riesigen Blüten und ihrem kraftvollen Wuchs eine der erstaunlichsten Rosen!

Primaballerina. Tantau 1957. Die großen, dicht gefüllten Blüten sind kirschrosa. Ansonsten hat die Sorte gewisse Ähnlichkeiten mit der neueren 'Erotica'. Ihrem Namen entsprechend wirkt sie mit den Blüten und mit dem ganzen Wuchs ungemein vornehm. Auffallend ist das blaurote Holz mit den durchleuchteten, roten Stacheln. Auch die Mitteladern und die Umrandungen der Blätter sind rot.

Gelb

King's Ransom. Jackson & Perkins 1962. Eine goldgelbe, weithin strahlende Sorte mit großen, gefüllten und duftenden Blüten, die meist lange Stiele haben. Auch die schlanke Form der Knospen fällt auf. Es mag je nach Klima andere Beobachtungen geben. Ich selbst kenne diese Rose von der Gönner-Anlage in Baden-Baden. Die hellen Blüten über dem auffallend dunklen, festen und ungemein gesund scheinenden Laub sind ein erfreulicher Anblick. Selbst bei starkem Rückschnitt erreicht der Busch fast Meterhöhe. Richard Huber in Dottikon/Schweiz bezeichnet 'Kings's Ransom' als »wohl die beste reingelbe Rose«.

Gehört zu den drei oder vier berühmtesten Rosen der letzten Jahrzehnte: die leuchtendrote 'Superstar' von Math. Tantau.

Dr. A. J. Verhage. Verbeek 1962. Die duftenden Blüten sind von einem satten Gelb, das im Erblühen einen noch satteren Ton annimmt. In den Blumenausstellungen warten besonders die Holländer mit dieser Sorte auf. Wie man so hört, soll sich die Sorte jedoch nur für günstige Lagen eignen. Im allgemeinen gilt sie als Treibrose. Ich selbst habe mit 'Dr. A. J. Verhage' in großen Blumentöpfen gute Erfahrungen gemacht. Ab Anfang Februar hell und bei mäßiger Wärme gehalten, blühen die Pflanzen Anfang April.

'Arturo Toscanini', leuchtendorangerote Teehybride mit lange haltbaren Blüten, von Meilland (Universal-Rose-Selektion).

Gloria Dei. Meilland 1945. Goldgelb mit einem Anflug von Rosa beim völligen Erblühen. Jede Blüte so groß wie ein Dessert-Teller. Die Sorte ist ungemein resistent gegen Pilzkrankheiten und von einer Wuchskraft, die bei vernünftiger Schnittbehandlung mannshohe und höhere Büsche entstehen läßt. Auf dieser Rose begründet sich Ruhm und Welterfolg der Züchterfamilie Meilland in Cap d'Antibes; in Amerika und England heißt sie 'Peace', in Italien 'Joia' und in Frankreich 'Mme. Antoine Meilland'.

Kabuki. Meilland 1968. Reingelb, elegant und in der Form rundum vollkommen. Mir selbst gefällt die leichte Ausfransung der Blütenblätter gut. Wuchskraft und das dunkle Laub sind gleichfalls bemerkenswert. Die Sorte zählt zusammen mit 'Peer Gynt' und 'Western Sun' zu den bewährtesten gelben Rosen der Insel Mainau. Allerdings fehlt ihr der Duft.

Peer Gynt. Kordes 1968. Das ist wahrlich eine Rose. Bereits den dicken Knospen ist anzusehen, was in ihnen steckt. Die Blüten sind so groß wie Untertassen, goldgelb und mit den Blättern dicht ineinandergedreht; sie duften sogar angenehm. In gutem Kontrast dazu steht das dunkelgrüne, fast ledrige Laub. Ich weiß noch nicht, wie hoch 'Peer Gynt' im Lauf der Jahre werden kann, sofern es der Frost im Winter überhaupt zuläßt. Eine kletternde Spielart wäre herrlich. Denn diesen Blüten muß man mitten ins Gesicht sehen können.

Sutter's Armstrong. Armstrong 1948. Eine vor allem als Schnittblume berühmt gewordene Duftrose. Die Farbspiele der edlen Blüten wechseln zwischen Goldgelb, Orange und geflammtem Rot. Wie es heißt, eignet sich die kraftvolle Sorte auch für rauhere Lagen.

Western Sun. D. T. Poulsen 1965. Eine besonders haltbare, goldgelbe, duftende Sorte mit starkem Wuchs und einer auffallenden Neigung zu reichen Verzweigungen. Die Sorte gehört zweifellos in die Spitzengruppe der gelben Freiland-Teerosen. Das mag mit ihrer Herkunft aus Dänemark zusammenhängen. Im Deutschen Rosarium Dortmund war 1971 klar zu beobachten, wie sich die dänischen Sorten gegen das kalte und regnerische Frühsommerwetter am besten behaupteten.

Weiß

Pascali. L. Lenz 1963. Blendend weiß – weißer geht's nicht. Zu preisen ist die Blütenfülle. Auch in ihrem Wuchs ist diese Rose voller Kraft. Im Freiland soll sie von allen weißen Rosen dem Winter am besten widerstehen. Außerdem gilt 'Pascali' als bevorzugteste weiße Treibsorte.

Yuki-San. Meilland 1965. Mit dem grünlichen Hauch über ihren weißen Duftblüten ist diese Sorte für mich die schönste aller modernen, weißen Rosen. Doch kommt 'Yuki-San' gegen die Robustheit von 'Pascali' nicht an, sie ist zart, pflegebedürftig und wetterfühlig.

Andersfarbige Sorten

Mainzer Fastnacht. Tantau 1964. Eine fliederfarbige, duftende Sorte mit edlen Knospen und Blüten. Im Garten kann die Farbe allenfalls als interessant bezeichnet werden. Es gibt jedoch festliche Anlässe, bei denen gerade diese Rose faszinierend wirkt, wenn sie von Frauen im Haar oder am farblich dazu passenden Kleid getragen wird. Einen ähnlichen Farbton findet man übrigens in der vielblütigen Beetrose 'Intermezzo' wieder.

Whisky. Tantau 1967. Eine starkduftende Sorte, die im aufgeblühten Zustand tatsächlich die Goldfarbe schottischen Whiskys hat. Bemerkenswert ist der schnelle Durchtrieb nach dem Abblühen. Es kommt somit zu einem Dauerflor bis in den Herbst hinein. Die Sorte zählt zusammen mit 'Rose Gaujard' zu den bewährtesten Farbenrosen der Insel Mainau.

Rose Gaujard. Gaujard 1957. Die Blütenfarbe könnte als karminrosa beschrieben werden. Die Blüten mit ihrem silbrigen Schimmer auf den Blattunterseiten stehen auf langen Stielen, man kann sie also gut schneiden. Die Sorte hat sich auch in rauheren Lagen bewährt.

Königin der Rosen. Kordes 1964. Auch bei dieser Sorte ist den eiförmigen, dicken Knospen bereits anzusehen, was in ihnen steckt. Die Blüten, deren Blätter sich allmählich zurückrollen, sind in der Farbe aus Orange, Lachs und etwas Gold gemischt. In der Vase halten die geschnittenen Blumen lange.

Kordes Perfecta superior. Kordes 1963. Gewaltiger geht es nicht. Es sind wirklich riesige Blüten in gelben und lachsrosa Farben, die von dieser dicktriebigen und üppigwachsenden Sorte hervorgebracht werden. In nassen Sommern passiert es jedoch, daß es die dichtgefüllten, schweren Blüten nicht fertigbekommen, sich zu öffnen.

Rundum vollkommen: goldgelb, duftend, dicht gefüllt, robust, treibfähig, die Kordes-Rose 'Peer Gynt'

FLORIBUNDAROSEN

Rot

Brennende Liebe. Tantau 1956. Eine in Wuchs und Blüte kraftvolle Sorte in dunklerem, leuchtendem Rot.

Duftwolke. Tantau 1969. Eine Prachtrose als Busch und im Flor. An die Größe der korallenroten Blüten kommt manche Teehybride nicht heran. Was der Sortenname verspricht, wird absolut gehalten. Ich selber kenne keine Rose, deren Wohlgeruch stärker ist.

Europeana. de Ruiter 1963. Die mittelgroßen, festen, gefüllten Blüten sitzen dicht gedrängt. Das zuweilen mehltauanfällige Laub ist ebenfalls rot.

Garnette. Tantau 1942. Das ist vor allem eine Rose, die man in Töpfe pflanzt, um sie vorzeitig am Fenster oder im Gewächshaus zum Erblühen zu bringen. Die granatroten, verhältnismäßig flachen Blüten sind mit ihren Blättern dicht ineinandergedreht, ich finde sie ganz außerordentlich reizvoll.

Konrad Glocker. Kordes 1962. Dunkelrot und stark in die Breite wachsend. Eine Sorte für flächige Pflanzungen, die während des ganzen Sommers im Flor stehen sollen. Sie gehört zusammen mit 'Europeana', 'Lili Marleen' und 'Paddy McGredy' zu den besten roten Sorten der Mainau.

Lili Marleen. Kordes 1959. Die gefüllten Blüten haben eine warme, rote Farbe. Der Flor hört während des ganzen Sommers nicht auf. Zusammen mit dem sattgrünen Laub ist es eine Beetrose par excellence. Wäre ich Stadtgärtner und müßte ich rote Blütenteppiche schaffen, so pflanzte ich diese verläßliche Sorte.

Lys Assia. Kordes 1957. Das ist zur Abwechslung eine Sorte, deren Rot an Geranien erinnert. Die Farbe paßt gut zu blauschimmernden Nadelgehölzen.

Molde. Tantau 1964. Die rote Blütenfarbe wird gelb durchschimmert. Das zuerst rötliche Laub wird später grün. Es ist eine in ihrer Winterhärte und Krankheitsresistens vielfach gepriesene Sorte.

Spartan. Jackson & Perkins 1956. Ein helles, ins Orange gehende Rot haben diese runden, dichtgefüllten Rosenblüten, wenn sie sich öffnen. Allmählich nehmen sie dann eine Geraniumfarbe an.

Tonnerre. Mallerin 1955. Eine leuchtendrote, dichtgefüllte, ungemein blühfreudige Sorte. Ihres hohen Wuchses wegen läßt sie sich leicht zu einem stattlichen Rosenbusch heranziehen, sofern der Winter nichts dagegen hat.

Paddy McGredy. Sam. Mc Gredy 1962. Das ist schon ein Übergang zu den rosa blühenden Sorten. Die gefüllten Blüten haben einen angenehmen Duft. Auffallend ist das helle Laub. Eine der am meisten gepriesenen Floribundarosen überhaupt.

Rosa

August Seebauer. Kordes 1944. Dicht gefüllte, große Blüten an kräftigen Pflanzen, die zuweilen jedoch recht mehltauanfällig sind.

Bridal Pink. Jackson & Perkins 1969. Gutgefüllte, sternförmige Blüten in kräftigem Rosa. Der Strauch verzweigt sich leicht und wächst in die Breite.

Elysium. Kordes 1961. Duftende, zartrosa, gefüllte Blüten an einem aufrecht wachsenden Strauch. Für Schnittzwecke ist die Sorte gut geeignet.

Horstmann Jubiläumsrose. Auffallend dicht gefüllte rosa Floribunda, die von einer Teehybride nicht zu unterscheiden ist.

Kalinka. Meilland 1970. Lachsrosa, mit eleganten Knospen und auffallend dunklem Laub, in die Breite wachsend. Wird selbst bei scharfem Rückschnitt fast meterhoch.

Pariser Charme. Tantau 1965. Das sind wieder große Teerosenblüten in reinstem Rosa und mit gutem Duft an einem kräftig wachsenden, im ersten Jahr bis meterhoch werdenden Strauch, der sich bei mir reich verzweigt.

The Queen Elizabeth Rose. W. Lammerts 1956. Eine der Weltrosen unserer Zeit in reinem Rosa, das oftmals einen Silberschimmer hat. Der Strauch wächst sehr stark, er wird leicht mannshoch und höher.

Tip Top. Tantau 1963. Eine niedrigere Floribunda in salmrosa Farbe, die sehr wetterfest ist. Das Laub allerdings scheint für Sternrußtau anfällig zu sein.

Sonja. Meilland 1970. Rein lachsrosa, hochedle Rose mit ausgezeichneter Haltbarkeit der Farbe, die bei Schnittblumen auch in künstlichem Licht von bester Wirkung ist. Die sich reich verzweigende Sorte mit ihrem frischgrünen Laub eignet sich hervorragend für Unterglaskulturen.

Junior Miss. Boerner-Jackson & Perkins 1965. Niedriger bleibende Sorte mit großen, wohlgeformten, zartrosa Blüten.

Gelb

Golden Fleece. Boerner-Jackson & Perkins 1955. Hellgelbe Edelrosenblüten, die von dem halbmeterhohen Strauch sehr reich getragen werden. Sie gehört zusammen mit 'Allgold' im Erfahrungsbericht der Insel Mainau zu den besten gelben Floribundarosen.

Allgold. Le Grice 1957. Goldgelbe Blüten, die gut gefüllt sind. Der Wuchs des Busches ist gedrungen.

Weiß

Edelweiß. D. T. Poulsen 1969. Eine ideale Beetrose mit mittelgroß gefüllten Blüten in dichten Büscheln und in cremeweißer Farbe. Der Wuchs geht stark in die Breite.

Andersfarbige Sorten

Bonanza. Kordes 1971. Eine geradezu freche und mutige Rose mit ihrem Orange und mit ihren in Dolden stehenden Blüten. Sehr reich blühend während des ganzen Sommers.

Irish Beauty. Sam. McGredy 1964. Golddurchschimmertes Lachsrot. Eine duftende Floribunda in starken Farben und mit kräftigem, reich verzweigtem Wuchs.

Rittersporn im Blütenmeer von 'Astrid Späth'

POLYANTHAHYBRIDEN

Rot

Cocorico. Meilland 1951. Kaum gefüllte, mehr einfache Blüten in einem warmen und dennoch strahlenden Rot. Die Blüten stehen mehr oder weniger vereinzelt, aber sie erscheinen an dem ganzen, sich locker aufbauenden Strauch. Ein weiterer Vorzug ist, daß die verblühten Blumenblätter restlos abfallen. Leider ist dieser »Hahnenschrei« aus den Sortimenten verschwunden. Das hindert mich nicht, den Namen hier aufzuführen. Vielleicht wird 'Cocorico' wiederentdeckt. Die Sorte gehörte jahrelang zu den beliebtesten Rosen meines Gartens.

Fanal. Tantau 1946. Leuchtendrote, halbgefüllte Blüten mit heller Mitte, eine zuverlässige Beetrose.

Käthe Duvigneau. Tantau 1942. Halbgefüllte, strahlendrote Blüten. Ein kräftig wachsender Strauch, der selbst nach scharfem Rückschnitt meterhoch und sehr breit werden kann.

Nordlicht. Kordes 1957. Gefüllte, sich in Schalen öffnende Blüten in einem signalartigen Mennigerot. Der Strauch ist robust und sehr winterhart.

Olala. Tantau 1956. Blutrote, halbgefüllte, in der Mitte gelbe Blüten, in unvorstellbarem Reichtum. Eine der Rosen, die man wachsen lassen sollte, wie sie wollen. Es gibt mit der Zeit zweimeterhohe Blütensträucher.

Orange Triumph. W. Kordes 1937. Kleine, dichtgefüllte, runde Blüten in mächtigen Dolden. Eine altbekannte Sorte, die jedoch vor Mehltau und anderen Blattkrankheiten behütet werden muß.

Paprika. Tantau 1958. Der Sortenname stimmt genau. Eine temperamentvolle Rose. Die ziegelroten, mittelgroßen Blüten stehen über einem auffallend dunklen Laub.

Sarabande. Meilland 1957. Geraniumrote, einfache Blüten an einem sehr harmonisch wachsenden Strauch. Die Sorte wird von Gartenarchitekten gern als Blütenstrauch zwischen silbrige Gräser oder blaublütige Stauden gepflanzt.

Schweizer Gruß. Tantau 1952. Wieder eine der Weltrosen unserer Zeit, die in öffentlichen Anlagen inbesondere wegen ihrer gleichmäßigen Wuchshöhe geschätzt wird. Die Farbe der halbgefüllten Blüten ist ein dunkles, schwarzdurchschimmerndes Rot.

Rosa

Betty Prior. Prior & Sons 1935. Große, einfache Blüten, deren Blätter außen karminrosa und innen etwas heller sind. Der reiche Flor währt während des ganzen Sommers. Ich wüßte keine einfachblühende Polyantha in Rosa, die ein größeres Lob verdiente.

Frau Astrid Späth. L. Späth 1930. Diese korallenrosa Sorte beobachtete ich 1971 im Rheinpark von Köln, und zwar monatelang. Die halbgefüllten Blüten sprudelten förmlich aus den Büschen heraus. In manchen Zeitspannen konnte es keine andere Rose mit dieser Sorte aufnehmen.

Hobby. Tantau 1955. Korallenrosa bis ziegelrote, flache Blüten in dichten Büscheln trägt diese Sorte in großen Mengen. Der Busch verzweigt sich gut. Es ist eine der bewährtesten Rosen in dieser Signalfarbe.

Silberlachs. Tantau 1944. Einfache, an den Rändern gewellte und deshalb wetterfeste Blüten in einem silbern schimmernden Lachsrosa. Die Blüten erscheinen in sich drängender Fülle an den oft mannshohen Trieben, man könnte von einer Strauchrose sprechen.

Weiß

Dagmar Späth. L. Späth 1935. Zarter, weißer, dann und wann von einer rosa Blüte unterbrochener Flor, und zwar während des ganzen Sommers. Eine der blühfleißigsten Rosen überhaupt, die aber auch im Wuchs zart und fein ist. Die Sorte eignet sich sehr gut für Blumentöpfe und auch zum Bepflanzen von Gräbern.

Horstmanns Rosenresli. Horstmann. Nicht sehr große Blüten trägt diese Sorte, aber viele, viele, viele. Das schäumt geradezu von weißem Flor. Zusammen mit dem hellen Laub sieht das stets erquicklich aus. Schade, daß diese Rose nicht ein klein wenig duftet.

White Wings. Krebs 1945. In deutscher Sprache heißt das: Weiße Schwingen. Beim Anblick dieser Rose möchte man meinen, eine Waldrebe vor sich zu haben. Eine eigentümliche Rose mit langer, überschlanker Knospe.

Andersfarbige Sorte
Circus. Armstrong Nurseries 1956. Gefüllte, kleine Blüten mit kontrastierenden Farbspielen in Gelb und Rot für denjenigen, der so etwas mag.

Rosensorten aus der guten alten Zeit

Von alten Rosen wird neuerdings viel gesprochen, sie sind wieder in Mode gekommen. Die früher so gefürchteten Blattkrankheiten haben ihre Schrecken verloren. Auch neue Sorten muß man spritzen oder stäuben, will man sie absolut sicher mit vollem Laub durch den Sommer bringen. Nichts ist einfacher, als Rosen mit unseren praktischen Präparaten gesund zu halten. Was wirklich eine alte Rose ist, wird strittig bleiben. In den einschlägigen Katalogen fangen die Aufzählungen mit Rosa × alba, Rosa centifolia, Rosa gallica, Rosa damascena einschließlich der verschiedenen Spielarten an. Nach meiner Auffassung ist das nicht richtig. Wohl sind die Rosen, weil sie duftende, meist gefüllte und schöne Blüten haben, jahrhundertelang in den Gärten angepflanzt worden. Nur haben wir keinen Grund zu einer anderen Annahme, als daß es sich um Arten handelt, die von der Natur hervorgebracht sind. Dasselbe ist bei unserer Hundsrose, der *Rosa canina,* der Fall. Nur käme kein Mensch auf den Gedanken, diese Heckenrose mit ihren Spielarten in die Gruppe der »Alten Rosen« einzuordnen, nur weil es sie schon immer gegeben hat.
Ich meine deshalb, daß man als »Alt-Rosen« nur diejenigen Sorten bezeichnen kann, die durch bewußte menschliche Züchtung während der letzten zweihundert Jahre entstanden sind. Vorher gab es diese Züchtung noch nicht. Die verschiedenen Variationen der Ur-Rosen entstanden durch Mutationen, also von selbst. Eine gezielte Züchtungsarbeit mit neueren naturwissenschaftlichen Kenntnissen setzte erst ein, als um 1800 die Chinarosa nach Europa kam. Die große Rosenzeit im Abendland begann am Anfang des 19. Jahrhunderts in Frankreich. Es war zumal die unglückliche, 1809 von Napoleon verstoßene Kaiserin Josephine, die sich um die Rosenzüchtung in ihrem Park von Malmaison kümmerte, wo sie 1814 starb. In jener Zeit schuf P. J. Rédouté (1759–1840) der »Raffael des Fleurs« seine berühmten farbigen Kupferstiche.

'Flammentanz', zweifellos die bisher beste von allen einmalblühenden Kletterrosen in Rot

Im 19. Jahrhundert entstandene Rosen, die es noch immer gibt

In Deutschland ist es die Baumschule Ernst Wohlt in Pinneberg, die ein stattliches Sortiment jener alten Rosen unterhält. In einem Sonderkatalog sind alle Namen verzeichnet. Unter ihnen gibt es einige Sorten, die auch sonst hier und da angeboten werden. Es sind durchweg Namen, die bis in unsere Zeit ihren guten Klang behalten haben. Eine besondere Würdigung verdient Richard Huber in Dotikon/ Schweiz, der sich mit größtem Idealismus den alten Rosen verschrieben und ein Kabinettstück von Katalog herausgegeben hat.

Souvenir de la Malmaison. Bélze 1843. Eine unermüdlich blühende Bourbonrose mit mächtigem Strauchwuchs und mit einer merkwürdig wie um einen Stern gedrehten Füllung der Blüten, die zartrosa sind und gut duften.

Gloire de Dijon. Jacetot 1853. Siehe Kletterrosen.

Maréchal Niel. Pradel 1864. Siehe Kletterrosen.

Frau Karl Druschki. Lambert 1901. Eine Remontantrose mit kraftvollem Wuchs und großen, dichtgefüllten, reinweißen, an den Blütenblatträndern etwas geröteten Blumen ohne Duft.

Louis van Houtte. Lacharme 1869. Eine Remontantrose in Karminrot.

Fisher & Holmes. Verdier 1865. Besonders berühmte, tiefdunkelrote Remontantrose.

Marie d'Orléans. Nabonnand 1883. Eine etwas winterempfindliche, aber wunderschöne Teerose in hellem Rot.

La France. Guillot 1867. Eine Sensation der damaligen Rosengärten. Nach den empfindlichen Teerosen nun eine winterfestere Teehybride. Man sieht sie auch heute noch häufig. Im Rosengarten von Baden-Baden stehen mehrere Büsche, sie sind fast mannshoch und bringen den ganzen Sommer hindurch ihre duftenden, dichtgefüllten, rosa Blüten hervor.

Madame Caroline Testout. Pernet-Ducher 1891. Eine kraftvolle Teehybride in Rosa, aber nicht ganz so charmant wie 'La France'.

Kaiserin Auguste Victoria. Lambert 1891. Eine Teehybride mit reinweißen, beim Erblühen grünschimmernden, großen, dichtgefüllten, duftenden Blüten an einem kraftvollen, beinahe mannshoch werdenden Strauch.

'Magna Charta', öfterblühende Remontantrose mit rosa, karminüberzogenen Blüten und sattgrünem Laub, aus dem Jahr 1876.

Rosensorten mit gefüllten kleinen Blüten, wegen ihres niedrigen Wuchses besonders gut für Blumentöpfe, Balkons und für Kleingewächshäuser

Sorten nur unter Glas

Garnette. Tantau 1947. Nicht sehr große, aber stark und fest gedrehte, rote Blüten.

Carol. Amling 53. Dieselbe feste, kleine, ineinandergedrehte Blütenform wie 'Garnette', von der die Sorte abstammt, aber zartrosa.

'Variégata di Bologna', Remontantrose mit weiß-rot gestreiften, stark gefüllten, duftenden, gelegentlich öfter während des Sommers erscheinenden Blüten.

Junior Miss. Boerner 1965. Man könnte die Sorte als kleinblütige Teehybride in zartem, silbrigem Rosa beschreiben. Für den Garten ist sie nicht immer geeignet, obwohl es behauptet wird.

Marimba. G. Verbeek 64. Eine Garnette-Rose in Korallenrosa.

Sorten auch für den Garten

Baby Maskerade. Tantau 1955. Rote Knospen, Blüten erst gelb und dann rot, Geschmacksfrage.

Rosmarin. Kordes 1965. Die starkgefüllten, silberrosa Blüten haben eine hellere Mitte.

Starina. Meilland 1968. Kirschrote Edelrosenblüten, kaum größer als ein Tonpfeifenkopf, aber in Massen. Dazu wächst der Strauch hübsch in die Breite.

Rosenauswahl: Überall die Augen offen halten

Rosen, insbesondere die modernen Züchtungen, sind äußerst anpassungsfähig an die unterschiedlichsten Umweltbedingungen, gewiß. Dennoch ist eine Rose keine Weckeruhr, die in München und Hamburg pünktlich um sechs Uhr klingelt, sofern sie aufgezogen und richtig eingestellt worden ist. Pflanzen sind nicht abhängig von einer Art mechanischem Räderwerk, sondern von Sonne, Regen, Wind und Wärme, von einer bestimmten Luftfeuchtigkeit, vom Boden, vom Wasser und vom Dünger. Allgemeine und überall gültige Erfahrungen mit einzelnen Rosensorten gibt es nicht. Lediglich die ADR-Rosen haben bewiesen, daß sie in verschiedenen Gebieten Deutschlands in hervorragendem Maß lebensfähig sind. ADR heißt: Alldeutsche Rosenneuheitenprüfung. In sechs Prüfungsgärten werden die Sorten getestet. Die Gärten befinden sich in Hamburg, Dortmund, Frankfurt, Zweibrücken, Stuttgart und in Weihenstephan bei München. Ein Züchter, der für seine Sorte 80 und mehr Punkte erzielt, darf sie in seinem Katalog als ADR-Rose bezeichnen. Doch sollte man sich für eine Anpflanzung im Garten hinsichtlich der Wüchsigkeit

'York and Lancaster' mit zuweilen roten und weißen Blüten auf ein und demselben Strauch, eine Rose aus dem Jahr 1551.

und der Resistenz gegen Blattkrankheiten keine allzugroßen Sorgen machen. Wer sich in der kleinen Welt hinter seinem Zaun nur ein wenig um die Rosen kümmert und sie einigermaßen richtig behandelt, wird keine Enttäuschungen erleben. Bei Massenpflanzungen mag das etwas anderes sein. Immer wieder aber muß darauf hingewiesen werden, daß Rosen viel Licht, viel frische Luft und vielen freien Raum um sich her brauchen.

Für die Verwendbarkeit der einzelnen Gruppen lassen sich gewisse Anregungen geben, was in dieser Schrift bereits geschehen ist. Die Auswahl der Sorten indessen muß jedem Menschen selbst überlassen bleiben. Denn es handelt sich um eine Frage des eigenen Geschmacks. Ich selbst habe eine Vorliebe für Sorten in Rosa, ein anderer liebt ungewöhnliche Farben wie Fliederblau und Mauve, die meisten Menschen wollen vor allem rote Rosen haben. Am ehesten kommt man zum Ziel, wenn die zu bestellenden Rosen im Garten von Freunden oder auch in öffentlichen Gärten ausgesucht werden. Es läßt sich dabei vor allem beobachten, wie hoch und wie breit die einzelnen Sorten werden. Ebenso ist es leicht, die letzte Schnitthöhe zu betrachten. Auf diese Weise kann man sich ein Bild von der Gesamterscheinung der einzelnen Sorten machen. Auf Ausstellungen ist das nicht so leicht möglich, weil Rosen zumeist erst im Jahr vorher gepflanzt werden.

Rosen auf Ausstellungen

Auf Ausstellungen ergeben sich vorzügliche Gelegenheiten, Rosen nach ihrer Blütenschönheit auszusuchen. Leider wird aber nicht immer vermerkt, welche der ausgestellten Rosen aus Gewächshäusern stammen und welche im Freiland geschnitten worden sind. Nicht alle Sorten, deren Blüten unter Glas zu kaum noch steigerungsfähigen Schönheiten heranwachsen, sind für den Garten geeignet. Die schöne 'Lovita' beispielsweise ist für die rauhe Welt unter dem freien Himmel zu empfindlich. Auch mit der gelben 'Dr. Verhage' wird man im Garten zuweilen Kummer haben, während sie selbst bei ungenügender Pflege bei mir im Kleingewächshaus in jedem März ihre großen, gelben Duftblumen treibt.
Die Masse aller Blumen in Rosenausstellungen wird aber stets im Freien geschnitten. Oft wird gefragt, weshalb diese Ausstellungen frühestens Mitte Juli veranstaltet werden, während doch in den Gärten die Rosenblüte viel früher einsetzt. Das hat mit der Praxis unserer Rosenbaumschulen zu tun, von denen allein die Masse der auf Ausstellungen benötigten Blumen geliefert werden kann. Eine Baumschule zieht die Rosen ja nicht der Blumen wegen heran, sondern es sollen im Herbst die Pflanzen verkauft werden. Zu diesem Zweck werden im Sommer die feldermäßig aufgepflanzten Wildlinge veredelt. Im nächsten Frühjahr wächst aus dem Edelauge ein Trieb. Dieser Trieb wird nach einer bestimmten Zeit gestutzt, damit sich Verzweigungen bilden. Und diese Verzweigungen kommen erfahrungsgemäß erst ab Mitte Juli in Blüte. Dem Baumschulgärtner ist an diesem Flor sehr gelegen, denn er kann somit die Sortenrichtigkeit der Veredlungen kontrollieren. Dann aber müssen die Blumen abgeschnitten werden, damit alle pflanzlichen Kräfte der weiteren Ausbildung des Rosenstrauches zur Verfügung stehen. So erklären sich auch

'The Queen Elizabeth Rose'

die Umzüge mit blumengeschmückten Fahrzeugen in den typischen Rosenanbaugebieten. Zuweilen werden diese Umzüge als Massenverschwendung von Rosen kritisiert. Doch ist es sicherlich richtiger, blühende Rosen zu Hunderttausenden für einen riesigen Spaß zu verwenden, als sie gleich auf den Komposthaufen zu werfen, wohin sie ohnehin kommen, wenn der Umzug beendet ist. Bei den holländischen Festzügen mit Hyazinthenblüten, Tulpen und Narzissen alljährlich im Frühling verhält es sich – nur eben auf Blumenzwiebelgewächse bezogen – ebenso.
Außer großen Rosenausstellungen, mit denen vor allem in jedem zweiten Jahr die Bundesgartenschauen aufwarten, werden vielerorts von Baumschulen kleine Ausstellungen durchgeführt. Es sind in jedem Falle hübsche Modenschauen der Rose. Man hat immer gute Möglichkeit, sich auszusuchen, was gefällt.

Gartencenter

Eine weitere praktische Möglichkeit der Auswahl von schönen Rosen ist gerade erst in der Entwicklung. Aber schon jetzt gibt es zahlreiche Gartencenter, in denen mitten im Sommer, wenn sie bereits erblüht sind, Rosen in Containern angeboten werden. Es ist also ohne weiteres möglich, Rosen in vollem Flor nach Hause zu bringen und in den Garten zu pflanzen. Aber auch und besonders für den Einkauf von Rosen im Herbst und im Frühjahr sind die modernen Gartencenter empfehlenswert. Handelt es sich dabei doch um die einzigen, meist in den Randgebieten der Städte liegenden Verkaufseinrichtungen, in denen alle Blumen und Pflanzen für Haus und Garten bei den richtigen Temperaturen fachgerecht gepflegt werden und in denen die Kunden eine fachgerechte Beratung bekommen.

Baumschulkataloge

Man kann aber auch eine Postkarte an eine Baumschule oder an einen speziellen Rosenanzuchtsbetrieb schicken. Man bittet um die jeweilige Preisliste oder um den Katalog. In den meisten Fällen sind die zur Verfügung stehenden Sorten genau beschrieben. Daß dabei gewisse Nachteile der einen oder anderen Sorte verschwiegen werden, ist verständlich. Wer eine Ware verkaufen will, wird sie stets preisen. Sofern bei den einzelnen Sorten der jeweilige Höhenwuchs verzeichnet ist, sollte man ein wenig Skepsis aufbringen. Die Zahlen stimmen bei den Kletterrosen stets, was bei den typischen Beetrosen keineswegs der Fall ist. Der Grund mag darin liegen, daß die meisten dieser Rosen von Stadtgärtnern gekauft werden. In Parks und öffentlichen Anlagen kommt es oft auf einen gleichmäßigen und niedrigen Wuchs der in weiten Flächen angepflanzten Rosen an. Und damit kann erklärt werden,

Rosen auf Ausstellungen – besonders gute Möglichkeiten, sich über die verschiedenen Sorten zu informieren.

weshalb die Angaben über Wuchshöhen nicht immer genau den Eigenschaften der einzelnen Rose entsprechen. Die Angaben in Katalogen beziehen sich fast immer auf die Trieblänge einer Vegetationsperiode. Werden die Rosen alljährlich bis kurz über den Erdboden heruntergeschnitten, wie das in öffentlichen Anlagen meistens geschieht, dann mögen sie richtig sein. Dieser kurze Rückschnitt ist indessen im Hausgarten nicht zu empfehlen.

Versuche im Garten

Ich möchte noch auf eine weitere Methode der Rosenauswahl eingehen, die gar nicht so selten praktiziert wird. Man kauft sich von zwei Dutzend Sorten je eine Pflanze und probiert sie aus. Aus Gründen der Wartezeiten und der Kosten geht das unter normalen und privaten Verhältnissen nur bei Rosen, die bereits im Sommer blühen, wenn sie im Frühjahr gepflanzt werden. Das sind also unsere sogenannten Teehybriden, Polyantha- und Floribundarosen. Man bedenke auch hierbei, wie billig eine Rosenpflanze im Vergleich zu ihrer Lebenserwartung und zu der Blütenpracht ist, die sie jahrzehntelang entfalten kann. Man bedenke weiterhin, daß es kein Problem ist, selbst zwanzigjährige Rosenstöcke zu verpflanzen. Die Methode der privaten Sichtung in einem Boden und in klimatischen Verhältnissen, in denen eine Rose für immer leben soll, eröffnet viele gute Möglichkeiten.

Verein deutscher Rosenfreunde

Eine weitere Möglichkeit, sich genau und umfassend über Rosen zu informieren, ist die Mitgliedschaft im Verein deutscher Rosenfreunde e. V. Dieser zahlenmäßig in Deutschland größte Zusammenschluß von Freunden und Bewunderern einer einzigen Pflanzengattung gibt für seine Mitglieder ein Jahrbuch und ein vierteljährlich erscheinendes Journal mit dem Titel »Der Rosenbogen« heraus. Weiterhin werden die in Briefen vorgebrachten Fragen individuell von Spezialisten der einschlägigen Gebiete beantwortet. Der Mitgliedsbeitrag beträgt zur Zeit 20 DM, die Geschäftsstelle ist in Baden-Baden, Postfach 10 11.

Die Bestellung in der Baumschule

Güteklassen

Mit wenigen Ausnahmen gehören die Erzeugerbetriebe von Gartengehölzen dem Bund deutscher Baumschulen (BdB) an. Nach außen hin bemüht sich der BdB neuerdings, seine Betriebe durch den Slogan kenntlich zu machen: »Grün ist Leben, Baumschulen schaffen Leben.« Die Mitgliedsfirmen des BdB haben sich freiwillig einer alljährlichen Qualitätskontrolle unterworfen. So hat der Besteller von Rosen und Gehölzen die denkbar beste Gewähr, nicht nur gesunde und kräftige Pflanzen zu bekommen, sondern auch die gewünschten Sorten. Für Rosen gibt es drei Güteklassen, die genau interpretiert sind. Zum Verkauf gelangen nur die beiden Güteklassen A und B. Es bedarf keiner Erklärung, daß die Pflanzen der Güteklasse A am kräftigsten, also am besten sind. Entsprechend verhalten sich die Preise. Zumeist sind die Angebote an Rosen in verschiedene Preisgruppen eingeteilt. Eine der führenden, deutschen Rosenschulen hat in ihrem Katalog 1972/73 elf Preisgruppen. Die Preise zwischen der Preisgruppe 1 und 11 schwanken zwischen 2,45 DM und 6,50 DM. Daß die neuesten Rosen am teuersten sind, ist verständlich.

Ersatzlieferung?

Man beachte weiterhin, daß manche Baumschule in der Rubrik »Rosen« nur diejenigen Arten und Sorten führt, die durch Veredlungen vermehrt werden. Aus Samen herangezogene Wildrosen sind dagegen in den alphabetischen Anordnungen der übrigen Laubgehölze zu suchen. Zu den Gepflogenheiten der Baumschulen gehört es, eine ähnliche Sorte als Ersatz zu liefern, wenn die bestellte Rose nicht mehr vorhanden ist. Wer also auf eine ganz bestimmte Sorte aus ist, der muß bei einer Bestellung vermerken, daß er von Ersatzlieferungen abzusehen bittet.

Beste Zeit?

Ebenso muß bei einer Bestellung angegeben sein, wann die Lieferung erfolgen soll, ob im Herbst oder im Frühjahr. Es gibt in einzelnen Fällen noch Lieferungen mitten im Sommer. Dabei handelt es sich um Rosen, von denen die Zeit des normalen Triebbeginns in einem Kühlraum verschlafen werden mußte. Diese Rosen – und dasselbe gilt auch für sonstige Ziergehölze – lassen sich mitten im Sommer pflanzen. Für den Hausgarten kommt eine derartige Praxis selten in Betracht. Die übliche Pflanzzeit erstreckt sich vom Oktober bis zum April durch den ganzen Winter, sofern der Boden nicht gefroren ist. Zum Versand gelangen Rosenpflanzen üblicherweise im Herbst oder im zeitigen Frühjahr. Für eine der beiden Jahreszeiten muß sich der Besteller entscheiden. Leider kommt es in letzter Zeit mehr und mehr vor, daß Rosen in den Baumschulen zu frühzeitig gerodet werden, man bekommt sie bereits Anfang Oktober. Mit chemischen Mitteln werden die Pflanzen zuweilen auf den Feldern entblättert, ehe die im Sommer herangewachsenen Triebe ausgereift und verholzt sind. Man erkennt diese zu früh gerodeten Rosen leicht an dem eingeschrumpelten Holz. Ausfälle durch die Einflüsse der Winterwitterung müssen bei derartigen Pflanzen stets befürchtet werden. Richtiger ist es, Rosen erst Mitte Oktober oder noch später zu roden. Die beste Pflanzzeit ist Anfang November.

Pflanzung im Herbst?

Von den Baumschulen wird angestrebt, alle Rosen im Herbst verkaufen zu können. Die Felder werden ohnehin auf einmal gerodet, und was erst im Frühjahr zur Auslieferung kommt, das muß in entsprechend eingerichteten Kühlräumen fachgerecht gelagert werden. Aus diesem Grund sind Rosen im Frühjahr stets ein paar Pfennige teurer als im Herbst.
Die Pflanzung im Herbst hat einen wesentlichen Vorteil. Die Rosen können in den Boden einwachsen, ohne von Licht und Wärme zum Trieb und zur Blätterbildung veranlaßt zu werden. Solange nämlich der Boden nicht gefroren ist, geht die Bildung neuer Wurzeln vor sich. Nachteilig im Herbst ist, daß der Boden eventuell schon gefroren ist, wenn die Pflanzen eintreffen. Das kann zu Schwierigkeiten führen, wenn der Winterfrost bis zum nächsten März andauert, wie es 1969/70 der Fall war. Nachteilig ist weiterhin, daß die neugepflanzten Rosen sofort den Gefahren des Winters ausgesetzt sind. Das kann besonders in denjenigen Jahren bedenklich sein, in denen sommerliches Wetter mit Wärme und Feuchtigkeit bis in den Oktober hinein vorherrschte. Dann passiert es nämlich, daß die Rosen unentwegt weiter wachsen, ohne zu einer rechtzeitigen Verholzung ihrer Triebe zu kommen. Sie sind daraufhin besonders empfindlich für die Einwirkungen des Frostes. Zugleich bringt es ein sommerlicher Herbst mit sich, daß der Garten noch in voller Vegetation steht, in den die neuen Rosen gepflanzt werden sollen. Nicht unbeträchtlich ist schließlich, daß man im Herbst nach einem langen Blütensommer oft-

'Camelot', All America Champion von 1965, eine orangerote Kreuzung von 'Circus' und 'Queen Elizabeth Rose'.

mals gartenmüde ist und keine rechte Lust mehr hat, mit der erforderlichen Liebe und Sorgfalt neue Rosen zu pflanzen. Im Frühjahr, wenn alles treibt und neu beginnt, ist das ganz anders.

Pflanzung im Frühjahr?

Insofern hat die Frühjahrspflanzung Vorteile, als man mit größerem Eifer bei der Sache ist. Auch Gefahren durch den Frost sind ab März nicht mehr zu befürchten, sofern die Rosen richtig gepflanzt und mit Erde angehäufelt werden. Nachteilig ist es im Frühjahr dagegen, daß vor allem schwere Böden sehr naß sind. Sie werden dann bei der Pflanzung so festgetreten, daß sie hart wie der Boden einer Tenne sind. Auch kann es passieren, daß die Pflanzen schon mit dem Trieb begonnen haben, wenn sie ankommen. Bedenklich ist weiterhin, wenn gleich nach der Pflanzung eine übermäßig warme Witterung einsetzt.

Wägt man alles miteinander ab, so kommt man leicht zu dem Schluß, daß eine Pflanzung von Rosen im Herbst am besten ist. Schließlich lassen sich die jungen Sträucher im Hausgarten mühelos vor dem Winter und seinem wechselnden Wetter schützen. Gleichwohl habe ich es noch nie erlebt, daß eine im Frühjahr gepflanzte Rose, selbst wenn sie beim Eintreffen schon ausgetrieben hatte, nicht gewachsen ist.

Bleibt noch hinzuzufügen, daß Bestellungen bei Baumschulen so frühzeitig wie möglich erfolgen sollten. Auch hier gilt der Spruch: Wer zuerst kommt, mahlt zuerst.

Bestellung in Versandgeschäften

Im Herbst fallen die bunten Blätter von den Bäumen. Noch buntere Blätter fallen dem Gartenbesitzer während des Winters in den Briefkasten. Es sind die verlockend aufgemachten Werbeprospekte von Versandfirmen. Sofern es sich dabei um rein gärtnerische Unternehmen handelt, wird man von den Lieferungen nicht enttäuscht sein. Zu bemerken wäre bei den Rosen nur, daß zuweilen Sorten angeboten werden, die es sonst nicht gibt. Dabei handelt es sich fast immer um Varietäten, die bei einem Züchter für den ausschließlichen Vertrieb der betreffenden Versandfirma aufgekauft worden sind. Mit den Bestellungen wird ebenso verfahren wie bei Baumschulen. Doch bedient man sich in diesem Falle besser der mitgeschickten Formulare, weil dann die Auslieferung reibungsloser vonstatten geht. Gewisse Vorsicht ist bei Geschäften geboten, die unter anderen Artikeln auch Pflanzen zum Versand bringen. Ich selbst habe bei einer derartigen Firma vor drei Jahren eine

Metasequoia glyptostroboides bestellt, die mit einer Reklame offeriert worden war, bei der sich die Superlative nur so überschlugen. Es handelt sich dabei um einen Nadelbaum aus Ostasien, den man bis zu seiner Entdeckung 1942 nur von Versteinerungen her kannte und für ausgestorben hielt. Die Schnellwüchsigkeit dieses Baumes, der im Herbst seine goldverfärbten Nadeln abwirft, und der ebenso falsche wie reißerische Name »Urweltmammutbaum« hat die Versandhandlungen ein Geschäft wittern lassen. Die auf einer vorgedruckten Karte bestellte *Metasequoia* kam dann auch bei mir an. Das Bäumchen hatte eine Länge von zwanzig Zentimetern und war allenfalls so stark wie ein Bleistift. Für den gleichen Preis bekam ich in einer Baumschule eine *Metasequoia*, die zwei Meter hoch und im Stamm so dick wie ein Besenstiel war; der festdurchwurzelte Ballen hatte den Umfang eines Fußballes.

Direktkauf von Rosenpflanzen

Bedenkenlos ist es, Rosen zur Pflanzzeit in Fachgeschäften zu kaufen. An erster Stelle kommen hier unsere modernen Gartencenter in Frage. Man verfügt dort über die gärtnerischen Kenntnisse und über Einrichtungen, Rosenpflanzen richtig zu lagern. Vielfach sind über den Einschlagplätzen der Pflanzen farbige Bilder angebracht, daß man sich über Form und Farbe der jeweiligen Sorte informieren kann. Gut ist es ebenso, Rosen bei einem Gärtner zu kaufen, der sie vielleicht erst im März aus der Erde herausgräbt, in der sie während des Jahres zuvor herangewachsen sind. Auch gegen den Kauf von Pflanzen auf dem Wochenmarkt gibt es keinerlei Bedenken. In kleineren Städten sieht man im Herbst und im Frühjahr häufig Gärtner auf den Märkten, die hervorragende Qualitäten an Stauden und auch an Rosen anbieten.
Vorsicht ist jedoch geboten, wenn Rosenpflanzen in Warenhäusern angeboten werden. Fast immer stecken die Pflanzen in Cellophanbeuteln oder sie lagern in Verkaufsräumen, die viel zu warm sind. Da kann es dann leicht passieren, daß die Rosen zu treiben beginnen, was besonders im Herbst unliebsame Folgen haben kann.

Die bestellten Pflanzen kommen an

Mehr und mehr gehen die Baumschulen dazu über, Rosenpflanzen in Pappkartons zu verschicken. Die Wurzeln der zusammengeschnürten Bündel sind mit Moos umwickelt. Vielfach stecken die Rosen außerdem noch in Plastiksäcken. Es ist unausbleiblich, daß sich Wärme entwickelt. deshalb ist es zunächst erforderlich, die

Pflanzen auszupacken und die Verschnürungen aufzuschneiden, daß Luft heran kann.

Es passiert, daß der Boden gefroren ist, wenn die Rosen eintreffen. Dann bleibt nichts übrig, als die Pflanzen einzeln und eng nebeneinander in angefeuchteten Torf oder in Sägemehl zu schichten. Wenn es sich um nur wenige Pflanzen handelt, genügt eine entsprechend große Kiste völlig. Man ist damit beweglich, wenn der Frost zu lange andauern und ein anderer Unterbringungsraum erforderlich werden sollte. Die somit vorläufig versorgten Rosenpflanzen stehen am besten in einem kühlen Raum, etwa im Holzschuppen, in der Autogarage, in einem ungeheizten Gewächshaus. Bevor stärkere Fröste einsetzen, kann die Kiste auch im Freien stehen.

Wenn die Rosen aus irgendeinem Grund nicht sofort gepflanzt werden können, dann bringt man sie in einen Einschlag. Die Pflanzen sollen für ein paar Tage, Wochen oder auch Monate gesund und am Leben gehalten werden, ohne daß sie Triebe und Blätter entwickeln. Man braucht also nicht viel Platz. Im Herbst sollte man dabei recht sorgfältig arbeiten, denn gar zu oft kommt es vor, daß die Rosen bis zum Frühjahr in dem Einschlag verbleiben müssen. Erst einmal stecke ich die kleinen Sträucher mit ihren Wurzeln für zwei bis drei Stunden in Wasser. Als Einschlagplatz wähle ich eine Stelle im Garten, die auch bei steigender Sonne im Februar und im März noch im Schatten liegt. Sonst kommt es vor, daß in der Sonnenwärme ein zu zeitiger Trieb erfolgt. Es wird ein Graben in der Tiefe von zumindest einem ganzen Spatenstich ausgehoben. Dann stelle ich die Rosen einzeln – also nicht mehr gebündelt – eine Handbreit nebeneinander an den Rand dieses Grabens. Sobald die Hälfte des ausgeworfenen Bodens wieder angefüllt ist, werden die Wurzeln mit dem Wasserschlauch eingewässert. Alsdann wird die restliche Erde eingefüllt und wird noch zusätzlicher Boden herbeigebracht, daß die Sträucher in einem etwa zwanzig Zentimeter hohen Erdwall stehen und nur die Spitzen der Triebe oben herausgucken. Sobald Frostwetter einsetzt, bekommen die eingeschlagenen Rosen noch eine Schutzdecke aus Nadelholzzweigen oder Stroh.

Sofern allerdings zu übersehen ist, daß die Rosen drei oder vier Tage nach ihrem Eintreffen gepflanzt werden können, bedarf es dieser Maßnahme nicht. Dann lege ich die Rosen, nachdem sie zwei Stunden im Wasser gesteckt haben, irgendwo in den Schatten und bedecke ihre Wurzeln mit Erde oder feuchtem Torf.

Die Rosen werden gepflanzt

Sommer

Die in Containern wurzelnden, bereits blühenden Rosen lassen sich leicht pflanzen. Meist stehen sie in den Töpfen aus schwarzem, ledrigem Kunststoff zu flach; die an ihrem knubbeligen Wuchs erkennbare Veredlungsstelle ist nicht von Erde umgeben. Das soll aber im Garten unbedingt der Fall sein. Es muß das Pflanzloch also etwas tiefer gemacht werden, als der Container hoch ist. Vielfach sind die Wurzeln aus den Wasserabzugslöchern des Containers herausgewachsen. Man schneidet sie besser ab, weil sonst beim Austopfen leicht der Ballen auseinandergezerrt wird. Sollte der Wurzelballen schwer herausgehen, so läßt sich das Material des Containers leicht mit der Schere zerschneiden. Nach dem Einpflanzen wird mit den Fäusten ein Gießrand in den Boden gedrückt und die Rose kräftig eingewässert. Bei heißem und trockenem Wetter kann es nichts schaden, einen Sonnenschirm über der Rose aufzuspannen oder mit Reisigzweigen für einen provisorischen Schatten zu sorgen.

Grundsätzliches über die Pflanztiefe

Bei Wildrosen, die aus Samen oder Ausläufern herangezogen werden, spielt die Pflanztiefe keine entscheidende Rolle. Man sieht den Pflanzen an, wie tief sie vorher in der Baumschule gestanden haben. Sie sollten im Garten etwa ebenso tief gepflanzt werden. Dasselbe gilt für Rosenhochstämme.
Bei allen anderen Rosen sind die Edelaugen in den Wurzelhals eines Wildlings eingesetzt worden. Das ist diejenige Stelle der Rosenpflanze, die sich unmittelbar über den obersten Wurzelverzweigungen befindet. Stets soll nun die Rose im Garten so tief gesetzt werden, daß die Veredlungsstelle mit einer handbreiten Erdschicht abgedeckt ist. Auf diese Weise ist der Rosenstrauch auch dann vor den Gefahren des wechselhaften Winterwetters geschützt, wenn das Anhäufeln mit Erde im Herbst einmal vergessen wird. Man hat schon oft erlebt, daß eine erfroren geglaubte Rose aus den schlafenden Augen austrieb, die sich im Schutz des Erdbodens befanden.

Was wird bei der Pflanzung im Herbst und im Winter anders gemacht als im Frühjahr?

Die größte Gefahr bei den meisten Edelrosen ist der Frost, vor allem bei denjenigen Rosen, die im Herbst gepflanzt werden. Es ist nicht so, daß der Frost die dünne Spitze der Zweige angreift und sich dann durch den Trieb hindurchfrißt. Er greift den Strauch in seiner ganzen Länge an, wo immer er ihn am besten erreicht. Die Spitzen erfrieren deshalb am ehesten, weil sie bei unseren modernen Rosen nicht immer richtig ausreifen. Die meisten Sträucher gehen ja auch mit grünen Blättern an den Triebenden in den Winter. Das kann durchaus verschiedene Ursachen haben. So erfrieren beispielsweise die alten Centifolien, Moosrosen und die *Rosa gallica* selten. Sie blühen nur einmal im Sommer und haben dann bis zum Herbst Zeit, ihre neugebildeten Triebe ausreifen zu lassen. Rechtzeitig im Oktober werden die Blätter abgeworfen. Anders ist es bei vielen unserer heutigen Teehybriden und Floribundarosen, deren Flor bis in die ersten Frosttage des Winters hineinreicht. Das häufige und lange Blühen ist ein Erbteil ihrer Ahnen aus warmen Gegenden Asiens. Dort in der Heimat haben diese Rosen keinen Winter zu fürchten, viele von ihnen bleiben zwei Jahre hindurch grün.

Aus diesem Grunde bleiben im Garten zahlreiche neue Rosensorten bis in den Winter hinein belaubt. Diese Eigenart kann durch warmes und feuchtes Wetter im Herbst noch gefördert werden. Aber auch zu spät gegebene Düngemittel wirken sich aus. Grundsätzlich sollen Rosen zum letztenmal im Jahr gedüngt werden, wenn der erste Vollflor im Juli vorbei ist. Allerdings kann man, sofern der Spätsommer zu naß ist, im September je Quadratmeter Pflanzfläche eine Handvoll 40%iges Kalisalz (Patentkali) ausstreuen. Denn einmal brauchen Rosen ohnehin eine gute Versorgung mit Kali, und zweitens wird durch das Salz viel Wasser gebunden, das den Pflanzen in ihrem eventuellen Triebwachstum dann nicht mehr zur Verfügung steht.

Für die Pflanzung und für die Pflege von Rosen im Herbst muß man vor allem wissen, daß diese Gehölze nur mangelhaft befähigt sind, irgendwelche Wunden durch neuwachsendes Gewebe, also durch Kallus, zu verschließen. Die Rose ist ein schlechter Kallusbildner, sagt der Fachmann. So ergeben sich also an Schnittstellen besonders gute Angriffspunkte für den Frost. Ich schneide deshalb auch eingewachsene, ältere Rosen niemals im Herbst. Ausnahmen bilden lediglich ein paar zu lang geratene Ruten, die mir hinderlich sind. Damit soll keineswegs gesagt sein, daß es etwas schaden würde, die unverholzten, grünen und zumeist noch beblätterten Langtriebe der Rosenbüsche im Herbst wegzuschneiden, um damit ein ordentlicheres Bild zu schaffen. Diese weichen Triebe erfrieren ohnehin. Erst recht schneide ich von den ohnehin bereits eingekürzten Rosen, wie sie zur Herbstpflanzung geliefert werden, nichts weg. Lediglich zu dünne Triebe in Nähe der Veredlungsstelle, die ohnehin ins Erdreich kommt, werden entfernt. Es verbleiben der Pflanze nur drei bis fünf Triebe, die zumindest die Dicke eines Bleistifts haben müssen. Der erforderliche Rückschnitt auf wenige Augen, mit denen im nächsten Jahr ein starker Austrieb erzielt werden soll, erfolgt bei mir erst im Frühjahr, wenn die Rosen im Herbst gepflanzt werden. Nehme ich dagegen die Pflanzung im März oder April vor, dann vermeide ich gern eine doppelte Arbeit und schneide die Rosen gleich bei der Pflanzung auf diejenige Anzahl von Augen zurück, die mir für einen guten Wuchs des Strauches am günstigsten scheint. Ansonsten bleibt die Praxis des Pflanzens in beiden Jahreszeiten die gleiche.

Werden die Wurzeln beschnitten?

Auch wenn die Wurzeln in Moos eingepackt waren, sind sie doch zumeist recht trocken. Das ist besonders bei Lieferungen im Frühjahr der Fall. Ich stopfe die lose zusammengegriffenen Pflanzen also in einen Wasserbottich. Sofern das Pflanzen unmittelbar nach Eintreffen der Bestellung erfolgt, braucht man natürlich die Bündel nicht erst aufzuschneiden, bevor sie mit ihren Wurzeln ins Wasser kommen. Mindestens zwei Stunden und möglichst noch länger gebe ich den Wurzeln Zeit, sich voll Wasser zu saugen.
Es versetzt immer wieder in Erstaunen, wie lang die Wurzeln von Rosen sind. Da die Veredlungsstelle handbreit in die Erde muß, wäre ein recht tiefes Pflanzloch zu graben. In den meisten Gärten reichte das Pflanzloch in eine Bodentiefe, in der sich kaum noch Humusstoffe befinden. Die wichtigen und vielfach verzweigten Wurzelenden kämen also in eine Tiefe, die ihnen zumeist keine Aufbaustoffe in dem gewünschten Ausmaß liefert. Es ist deshalb richtig, die Wurzeln um etwa die Hälfte einzukürzen; man macht das mit der Schere. An den Schnittstellen werden sich alsbald junge Faserwurzeln bilden. Da sich die jungen Wurzeln in der Mutterbodenschicht der Gartenerde befinden, können sie ihr Möglichstes zum Wachstum des Rosenstrauches beitragen.

Was geschieht mit dem Namensschild?

Manchmal befindet sich an einem Bündel mit derselben Sorte nur ein einziges Etikett. Es kommt aber auch vor, daß an jeder Pflanze ein Namensschild hängt. Zur Verwendung kommen entweder Schilder, die mit Draht angebunden oder die

schlaufenartig um einen Zweig geschlungen werden. Beide Arten haben ihre Nachteile. Drähte, wenn sie vergessen werden, wachsen in das Rosenholz ein. Dadurch wird nicht nur das Wachstum behindert, sondern es kann auch zu Bruchschäden führen. In Schlaufen um den Rosenzweig geschlungene Etiketten gehen, zumal beim Schnitt im Frühjahr, leicht verloren. Rosen machen keinen rechten Spaß, wenn man ihre Namen nicht kennt. Besondere Pflanzskizzen haben die Angewohnheit, sich nach ein paar Jahren nicht mehr finden zu lassen. Auch helfen diese Zeichnungen nicht bei den Bemühungen, ein Verhältnis zu den verschiedenen Rosen im Garten zu bekommen. Wer läuft erst ins Haus und sucht nach dem Pflanzplan, wenn er bei irgendeiner Beobachtung im Garten den richtigen Namen einer Rose wissen will. Wer seine Rosen kennenlernen möchte, der muß jederzeit und sofort feststellen können, wie sie heißen. Große, in den Boden zu steckende Etiketten sind ungeeignet. Sie werden umgetreten, beim Hacken verscharrt und vertauscht. Allmählich verschwinden sie gänzlich.
Es gibt eine ganze Reihe von Möglichkeiten, Rosen dauerhaft zu kennzeichnen. Verhältnismäßig gut, einfach und am billigsten sind gewöhnliche Hängeetiketten an kurzen Bambusstäben. Zur Beschriftung werden alle möglichen wetterfesten Stifte angeboten. Bei mir sind diese Neuerungen stets ausgetrocknet, wenn sie gebraucht werden. Ich bin deshalb auf die ältere Methode der Beschriftung von Etiketten zurückgekommen. Und zwar geht das mit einem ganz gewöhnlichen Bleistift, der allerdings nicht zu weich sein darf. Alle zwei bis drei Jahre muß man allerdings die Sortennamen nachschreiben. Dann aber sind die Etiketten nicht mehr nötig. Man weiß nach so langer Beobachtungszeit – zumindest in einem überschaubaren Hausgarten – wie die einzelnen Rosen heißen.

Wie geht das Einpflanzen vor sich?

Man muß nicht unbedingt zu zweit sein, will man im Garten Rosen pflanzen. Bequemer freilich ist es, wenn einer mit dem Spaten das Loch aushebt und ein anderer hält die Rose hinein. Bei Massenpflanzung kommt man auf diese Weise am schnellsten zum Ziel. Im Garten kann ich aber ebensogut und schnell alles allein machen. Verbreitet ist die Methode, Rosen in einen Erdspalt zu pflanzen, der mit dem Spaten auseinandergedrückt wird. In sandigen und leichten Böden mag das angehen. Ich habe aber noch niemals beobachten können, daß sich in schwerere, normal gegrabene Böden ein Spalt stechen läßt, der für Rosenwurzeln tief genug wäre. Die Wurzeln sollen schließlich in dem Pflanzloch nicht verbogen und gequetscht werden. Dann machen sie nämlich unentwegt Wildschosse, die lästig sind. Außerdem ist darauf zu achten, daß die Veredlungsstelle handbreit unter die Ober-

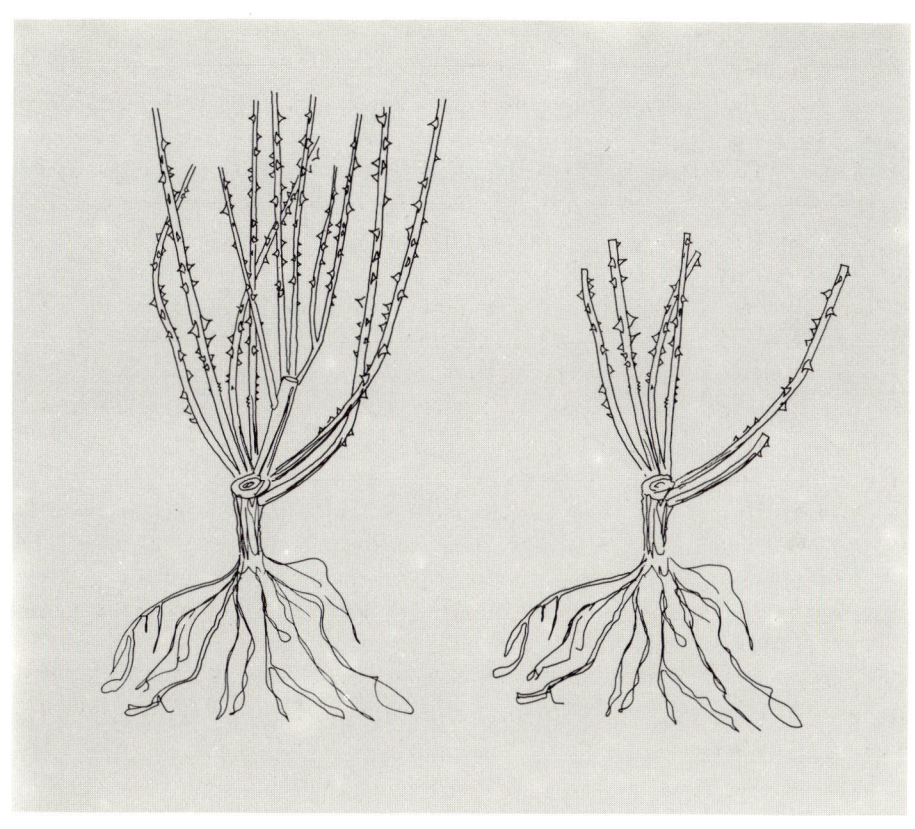

Eine gerade gekaufte Jungpflanze der Sorte 'Erotica'. Man sieht deutlich, daß es sich um eine äußerst kraftvolle Rose handelt. Bei gutem Stand und aufmerksamer Behandlung bleibt 'Erotica' auch weiterhin wüchsig und voller Kraft. Innerhalb von drei Jahren beanspruchte diese Rose bei mir einen ganzen Quadratmeter, es handelt sich um einen meterhohen und im Spätsommer noch höheren Busch mit zahllosen, roten, großen und duftenden Blüten. Die gezeichnete Pflanze hat etwas Eigenartiges an sich, nämlich den Aststumpf in der Mitte mit den vier Austrieben unterhalb der Stelle des Rückschnittes. Mich hat die erkennbare Üppigkeit des Wuchses zum Kauf der Pflanze veranlaßt, aber diesen verzweigten Stumpf konnte ich durch das beschlagene Plastikmaterial nicht genau erkennen, in das die Rose eingewickelt war. Gewiß würde durch diesen Stumpf ein Gewirr von Ästen entstehen, was wiederum den Befall durch Pilzkrankheiten fördern dürfte. Es sollen alle Teile des Strauches stets von frischer Luft umspült werden. So scheint es mir richtig, diesen ganzen Stumpf mit seinen Trieben herauszuschneiden. Der Trieb ganz rechts ist bogenförmig unter dem nächsthöheren Trieb hindurchgewachsen, sie stehen also überkreuz. Ich schneide den untersten Trieb also so zurück, daß ich ihn fortan vor dem nächsten Trieb in die Höhe ziehen kann. Auf der zweiten Zeichnung ist zu sehen, wie die Rose schließlich pflanzfertig ist.

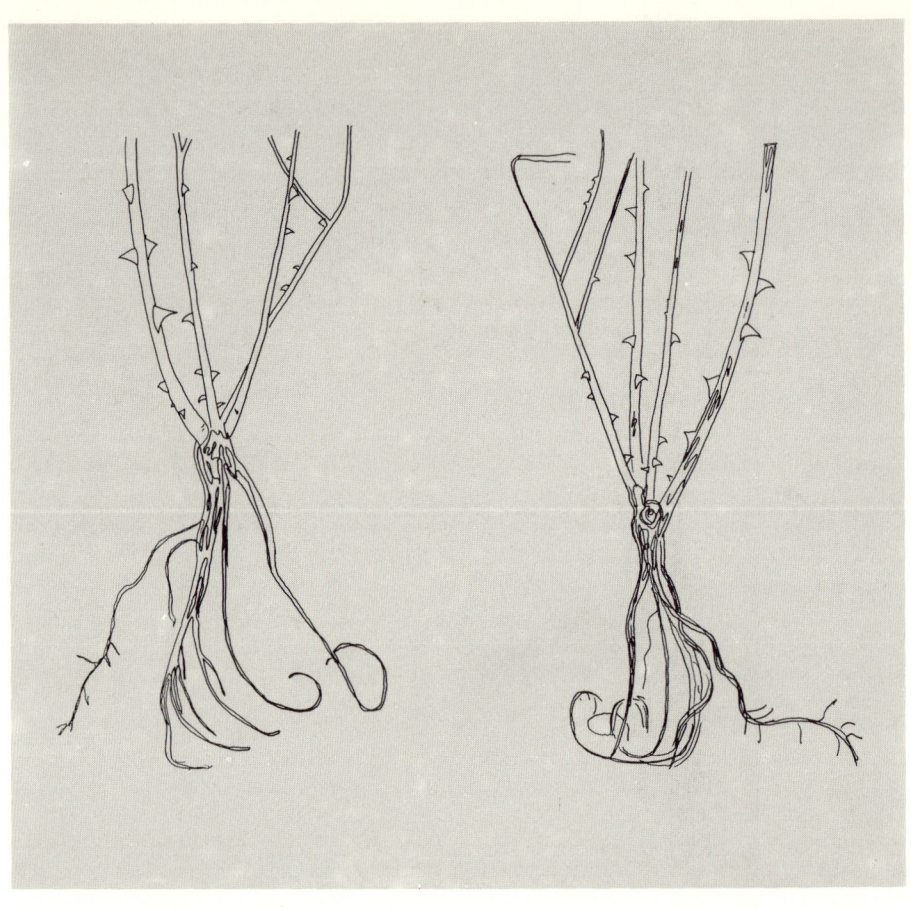

Eine soeben gekaufte Rose guter Qualität, einmal von der Vorderseite und einmal von der Rückseite gezeichnet. Die Wurzeln sind deshalb so gerollt, weil sie in Moos eingepackt waren. Die ganze Pflanze steckte in einem Plastikbeutel. Die Plastikbeutel mit Rosen waren im Gartencenter draußen auf dem Hof gestapelt. Vorsichtig muß man mit Rosen sein, die in Plastikbeuteln verpackt sind und in geheizten Räumen von Warenhäusern oder anderen Geschäften aufbewahrt werden. Da kommt es leicht vor, daß die Pflanzen schon ausgetrieben haben, wenn man sie nach Hause bringt. Besonders im Herbst ist das gefährlich. Auf den Zeichnungen ist zu sehen, wie verhältnismäßig lang die Wurzeln sind. Würde ich die Pflanze entsprechend tief in die Erde setzen, so kämen die Enden der Wurzeln mit den feinen Verzweigungen und Haaren in eine Bodenschicht, die wenig Humus und Nährstoffe enthält. Aus diesem Grunde kürze ich die Wurzeln mit einer scharfen Schere um ein Drittel ein. Von den vier Trieben der Pflanze braucht keiner weggenommen zu werden, ich nehme sie lediglich um ein Drittel der Länge zurück, die von mir gezeichnet worden ist.

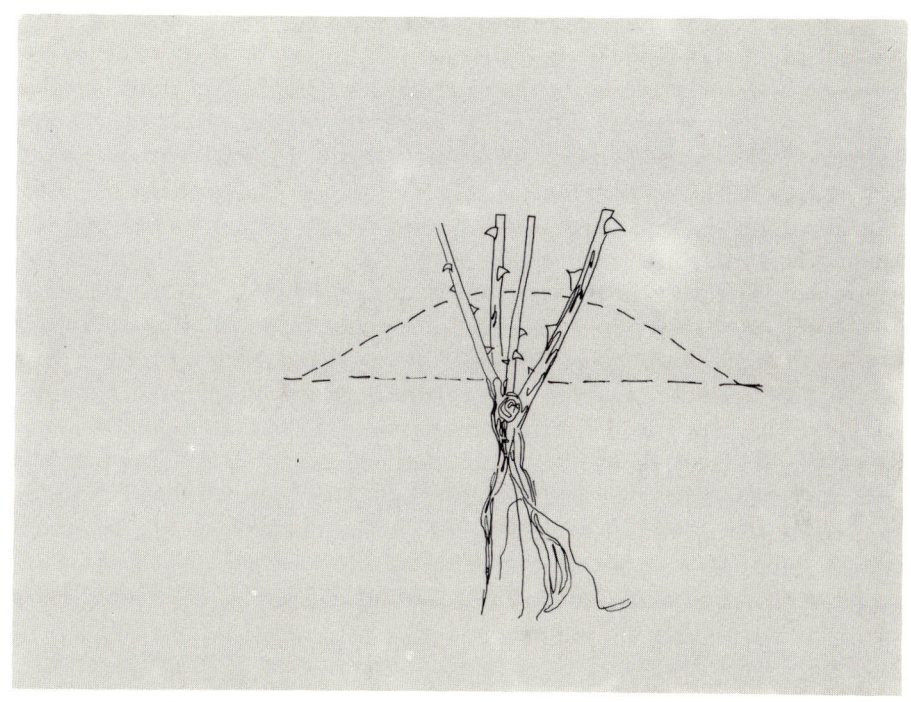

Und so sieht es aus, nachdem eine Rose gepflanzt ist. Die Veredlungsstelle, also das knubbelige Ende des Wurzelhalses mit den herauswachsenden Stacheltrieben, sitzt unterhalb der Erdoberfläche. Die waagerechte, gestrichelte Linie hätte an sich noch um einen Zentimeter höher gezogen werden können. Vierfingerbreit sollte die Bodenschicht über der Veredlungsstelle sein. Dann darf das Anhäufeln der Rosen im späten Herbst schon mal vergessen werden. Denn unten an den Edeltrieben bleibt stets eine Reserve an schlafenden Augen, an die keine Wintersonne und keine ausdörrenden Ostwinde herankommen. Das tiefere Einpflanzen gibt der Rose außerdem die Möglichkeit, an den unteren Enden der Edeltriebe Wurzeln zu bilden. Über die Vorzüge und Nachteile dieser Eigenbewurzelung gibt es recht unterschiedliche Auffassungen. Es scheint aber so, als würde dadurch die Regenerationskraft einer Rose – also die Fähigkeit zu andauernder, natürlicher Verjüngung – erheblich vermehrt.

Alsdann ist auf der Zeichnung noch die obere, gestrichelte Linie zu beachten. So wird eine Rose vor dem Winter angehäufelt, und ebenso häufelt man sie nach der Pflanzung – auch im Frühjahr – an. Etwa zwei Wochen nach der Frühjahrspflanzung zieht man die angehäufelte Erde mit den Händen wieder weg. Dies sollte an einem trüben oder gar regnerischen Tag geschehen. Es kann nämlich sein, daß im Schutz der angehäufelten Erde bereits ein Austrieb erfolgt ist. Die jungen Triebe sind noch ohne Blattgrün und ganz weich. Plötzliche Sonne und heftiger Wind würden das weiche Gewebe umbringen. An einem trüben Tag kann das nicht passieren.

fläche kommt. Um das zu ermöglichen, muß ich zumindest bei mir im Garten bei jeder Pflanze ein richtiges Loch ausheben, und das ist sogar recht tief. Ich halte in schwerem Boden auch nichts von der Methode, die Rosen, nachdem sie hoch mit Erde angefüllt sind, mit den Füßen festzutreten. Das unterlasse ich vor allen Dingen dann, wenn der Boden von langem Regenwetter recht naß ist. Ich grabe also ein geräumiges Pflanzloch, dann halte ich die Rose mit der linken Hand und in der beabsichtigten Tiefe in das Loch hinein. Mit der rechten Hand wird Erde und vorher ausgebreiteter Torf an die Wurzeln gescharrt. Sobald das Loch mit dem lockeren Boden gefüllt ist, drücke ich ihn mit beiden Fäusten und meinem Körpergewicht fest. Die Pflanzgrube ist daraufhin zu zwei Dritteln mit Erde gefüllt. Den Wurzelhals des Rosenstrauches mit der Veredlungsstelle kann ich gerade noch sehen. Wenn alle Rosen in dieser Weise gepflanzt worden sind, hole ich den Wasserschlauch. Mit dem vollen, dicken Strahl werden die Pflanzen regelrecht eingeschlämmt. Dann erst werden die Pflanzlöcher völlig mit Erde gefüllt. Außerdem wird mit der Hacke soviel Erde zusammengezogen, daß der ganze Strauch in einem Hügel steht. Von den Enden der Triebe, die ich im Frühjahr vor dem Pflanzen zurückschneide, ist dann kaum mehr etwas zu sehen. Im Herbst mache ich den schützenden Erdhügel womöglich noch höher, und außerdem wird die Neupflanzung bald mit Nadelholzzweigen abgedeckt.

Pflanzung von Kletterrosen

Die meisten Kletterrosen sind befähigt, am unteren Teil der Edeltriebe eigene Wurzeln zu bilden, sofern sie mit dem Erdreich in Berührung kommen. Es passiert, daß sie sich im Lauf der Jahre gänzlich von den Wurzeln des Wildlings frei machen, auf den sie veredelt sind. Diese eigene Bewurzelung hat insbesondere einen alljährlichen, starken Austrieb aus dem Boden heraus zur Folge. Und an diesen Austrieben, weil sie immer wieder zur Verjüngung eines Rosenstrauches führen, ist uns am meisten gelegen. Die Eigenbewurzelung soll aber auch einen reicheren Flor zur Folge haben. Aus diesen Gründen pflanzt man Kletterrosen gern so tief, daß sich die Veredlungsstelle zehn Zentimeter unter der Oberfläche befindet. Hinterher werden sie ebenso wie andere Rosen angehäufelt.

Pflanzung von Hochstämmen

Es ist unübersehbar, wie der Stamm immer mit einer leichten Biegung aus dem Wurzelhals herauswächst. Auf diese Biegung muß man beim Pflanzen der Hoch-

osa centifolia 'Parvifolia', auch unter dem Namen 'Pompon de Bourgogne' bekannt, Burgunderröschen

stämmchen achten. Es ist nämlich erforderlich, diese Rosen zum Schutz vor dem Winter umzulegen und die Krone mit Erde einzudecken. Das Umlegen hat aber stets so zu erfolgen, daß die ohnehin schon vorhandene leichte Krümmung nur fortgesetzt wird. Man kann aber die Hochstämme vor Winterbeginn nur nach der Seite hin umlegen, an der sich genügend Platz befindet. Und daran ist bei Betrachtung der leichten Biegung des unteren Stämmchens und beim Pflanzen zu denken. Hochstämme sollen niemals zu tief in die Erde kommen. Die Wurzelkrone soll gerade mit Erde bedeckt sein. Dann lassen sich nämlich die unvermeidlichen Wildschosse besser entfernen. Vor dem Pflanzen werden die Pfähle eingeschlagen, sie müssen bis in die Rosenkrone hineinragen.

Wie lange bleiben die Rosen angehäufelt?

Die angehäufelte Erde hat den Sinn, die Rose vor den Gefahren des Winters zu schützen. Bei Frühjahrspflanzung soll der Erdmantel vor allem den austrocknenden Wind und die Sonne abwehren. Es gibt praktische Gärtner, die ihre Kunden stets mit Vergleichen zum menschlichen Leben belehren. Die neugepflanzte Rose, so sagen sie, hat gewissermaßen den schwersten chirurgischen Eingriff ihres Daseins hinter sich. Auch in einem Krankenhaus wird man zunächst die Gardine vorziehen, wenn die Sonne zu stark in das Zimmer eines Menschen scheint, der gerade operiert worden ist. Auch der kalte Frühlingswind muß draußen bleiben, wenn es Abend wird, allenfalls ein schmaler Spalt des Fensters bleibt offen. Tatsächlich kommt man mit derartigen Vergleichen sehr bald der Praxis des richtigen Umgangs mit Pflanzen nahe. Niemand, der auf diese Weise gärtnerisch zu denken beginnt, wird mehr die Frage aufwerfen, ob neugepflanzte Rosen gedüngt werden müssen. Wer am Blinddarm operiert worden ist, oder wer überhaupt nur krank ist und ein Weilchen im Bett zu liegen hat, bekommt nicht gleich Eisbein mit Sauerkraut zu essen. Wie der Kranke aber nach einigen Tagen seinen ersten Spaziergang in Sonne und Wind machen darf, so werden auch die neuen Rosen von ihrem Erdmantel befreit, wenn es März geworden ist oder wenn nach einer Pflanzung im Frühjahr vierzehn Tage vergangen sind. Man muß also die angehäufelte Erde vorsichtig wegnehmen, was am besten mit den Händen geschieht. Vielfach haben die Augen unter dem Erdschutz schon zu treiben begonnen, sie sind bleich wie Spargel, weich und empfindlich. Es ist also Vorsicht geboten. Vor allem soll man für das Abhäufeln einen Tag nutzen, an dem es trübe ist oder gar ein wenig regnet. Bei mir ist es jedoch meistens so, daß die im Frühjahr locker aufgehügelte Erde allmählich vom Regen abgeschwemmt wird, daß ich also weder mit den Händen noch mit der Hacke irgendetwas daran zu tun habe.

Massenpflanzung der bewährten Polyanthahybride 'Gelbe Holstein'.

Was geschieht nach dem Abhäufeln?

Die Rosen müssen beschnitten werden, sofern es nicht im Frühjahr bereits während der Pflanzung geschehen ist. In den folgenden Jahren mag man den Schnitt nach anderen Grundsätzen durchführen, was noch zu besprechen sein wird. Jetzt ist zu bedenken, daß die Rose durch das Einkürzen ihrer Wurzeln einen erheblichen Teil ihrer Leistungskraft verloren hat. Wenn ich mich gerade erst von einem gebrochenen Fuß erhole, kann von mir kein Kilometermarsch durchgestanden werden. Eine starre und in jedem Fall anwendbare Regel für den ersten Schnitt läßt sich eigentlich nicht geben. Man muß den jeweiligen Pflanzen einfach ansehen, wozu sie fähig sind. Damit sich ein wohlgeformter Rosenstrauch entwickelt, sollen möglichst alle an der Pflanze verbleibenden, sichtbaren Augen austreiben. Handelt es sich um eine starke Pflanze mit fünf Trieben, die so dick wie ein Zeigefinger sind, so können nur an jedem dieser Triebe fünf Augen belassen werden. Beim Schneiden ist darauf zu achten, daß die obersten Augen stets nach außen zeigen. Sind die Triebe indessen sehr schwach und dünn, so kann es durchaus vorkommen, daß man jeweils nur ein einziges, sichtbares Auge stehen läßt.

Der starke Rückschnitt nach der Pflanzung hat aber noch einen weiteren Sinn. Stets treibt eine Rose nämlich aus denjenigen Augen am ehesten und am kräftigsten aus, die am höchsten sitzen. Man kann das an älteren Pflanzen immer wieder beobachten, wie in Meterhöhe schon die rötlichen Blätter zur Entfaltung kommen, während weiter unten die Triebknospen so winzig wie Stecknadelköpfe sind. Deswegen ist es zuweilen unsinnig, in voller Entwicklung stehende Rosen so weit zurückzuschneiden. Es wird auf diese Weise ja nur der Beginn des Flors – und damit die Entwicklung von Verzweigungen und von weiteren Blüten – verzögert. Bei einer neugepflanzten Rose kann mir aber an einer zu schnellen Entwicklung nicht gelegen sein. Je mehr Zeit die Pflanze hat, in den Boden einzuwurzeln, um so besser ist es.

Bei Kletterrosen ist der starke Rückschnitt nach der Pflanzung besonders wichtig. Denn es kommt mir nicht darauf an, daß diese Rosen viele und kurze Triebe wachsen lassen. Vielmehr geht es darum, daß sich wenige Triebe in gehöriger Länge entwickeln. An den Verzweigungen dieser Ruten erscheinen im nächsten Jahr die Blumen. Bei manchen modernen Sorten ist bereits im Sommer nach der Pflanzung ein erster Flor zu erwarten.

Die Rosen treiben aus

Was zum Leben und Wachstum unserer Pflanzen erforderlich ist, das entnehmen sie der Luft und dem Boden. In jedem Fall handelt es sich um Stoffe, die in der von den Wurzeln und von den Blättern aufgenommenen Form noch nichts nützen. Erst die winzigen Körnchen des Blattgrüns sind in der Lage, die Urstoffe so zu verarbeiten, daß sie den Pflanzen als Nahrung dienen. Ohne dieses Blattgrün können beispielsweise auch Menschen und Tiere nicht existieren. Du kannst soviel Stickstoff, Schwefel und Eisenspäne essen, wie du willst, und du wirst dennoch verhungern. Erst auf dem Umweg über das Blattgrün entstehen organische Stoffe, von denen

Rosa rugosa 'Dr. Eckener' vorn, Rosa pimpinellifolia 'Maigold' rechts und hinten Rosa rugosa 'Hansa'

die Pflanzen selbst, die Tiere und wir Menschen leben können. Wenn die Rosen also im Garten gut wachsen und blühen sollen, dann müssen sie so viele grüne Blätter wie möglich haben. Alle gärtnerischen Bemühungen sind deshalb darauf ausgerichtet, den Blätterwuchs zu fördern und das grüne Laub gesund zu erhalten. Allein aus diesem Grund ist es beispielsweise unsinnig, Rosen – und Gehölze überhaupt – allzustark zu beschneiden. Schließlich werden mit jedem Schnitt zugleich Knospen künftiger Blätter entfernt.

Aber die Blätter der treibenden Rosen sind ja gar nicht so sehr grün, sondern eher rot

Tatsächlich hat das Laub einer Rose, wenn es sich im April und im Mai auseinanderfaltet, eine rote Farbe. Diese Rotfärbung ist sogar ein besonderer Reiz des Rosenstrauches. Bei vielen Kletterrosen und großwerdenden Rosensträuchern sind sogar die fingerlangen Austriebe der Verzweigungen rot, während die Blätter viel eher eine grüne Farbe annehmen. Bei mir sieht in dieser Hinsicht besonders die Sorte 'Oskar Scheerer' gut aus. Ich habe immer wieder mein Vergnügen an den weit übergebogenen, grünen Ruten des vergangenen Jahres, auf denen im Frühjahr die knallroten Däumlinge des neuen Austriebs sitzen. Es ist aber meistens nicht so, daß bei dem austreibenden Laub das Blattgrün bereits seine Funktion hat. Denn die Kraft zum Treiben nimmt der Strauch aus Reserven, die noch von der Blattgrüntätigkeit des letzten Jahres in der Knospe selbst oder im Gewebe der Rinde gespeichert sind. Deshalb treiben ja oftmals Baumstämme aus, obwohl sie keine Wurzeln und seit geraumer Zeit ein Leben als Zaunpfähle angetreten haben. Auch bei Samenkörnern ist es so, daß sie zumindest soviel organische Stoffe gespeichert haben, damit das Keimblatt wachsen kann. Sobald das Keimblatt da ist, übernimmt es bereits die Ernährung des heranwachsenden Sämlings. Die Rose treibt also zunächst aus gespeicherten Stoffen, sie braucht – für die ersten Tage wenigstens – kein Blattgrün.

Die rote Färbung der Blätter und jungen Triebe kann nun auf verschiedene Ursachen zurückgehen. Ganz genau wissen wohl selbst die Gelehrten unter den Gärtnern in diesem Punkt nicht Bescheid. Bekannt ist jedenfalls, daß es in den Zellen einer Pflanze nicht nur Blattgrünkörper gibt, sondern auch andere Farbstoffe. In unserem Fall haben wir es mit dem sogenannten Anthozyan zu tun. Dieser Farbstoff besitzt die Eigenart, in sauren Zellsäften rot und in alkalischen Zellsäften blau auszusehen. Bei heftiger Zelltätigkeit herrscht in einer Pflanze stets die saure Reaktion vor. Und heftiger als beim Austrieb der Blätter aus einer Knospe kann diese Zelltätigkeit kaum werden. Hier liegt auch der Grund dafür, daß manche Rosen im Knospenzustand rot sind, während die aufgeblühten Blumen eine rosa Farbe bekommen. Auch das Verblauen mancher älteren Rosensorten, wenn ihre Blumen ganz und gar aufgegangen sind, hängt damit zusammen. Wir kennen diese Farbveränderung auch bei anderen Blumen. So ist das Lungenkraut in der Knospe rot, und in der Blüte wird es blau. Beim Vergißmeinnicht ist es ebenso. Heidekraut ist rosa und wird allmählich weiß. Rote Hortensien nehmen eine blaue Farbe an, wenn sie in saure Erde gepflanzt werden. Der Gärtner nimmt diese Blaufärbung gezielt vor, indem er Ammoniakalaun in die Erde mischt.

Derart starke Farbveränderungen gibt es bei gelben Rosen – und bei gelben Blumen überhaupt – keineswegs. Diese größere Farbbeständigkeit ist nur darauf zurückzuführen, daß die gelbe Farbe als regelrechter Farbkörper nicht an den Zellsaft gebunden ist.

Die roten Farben der jungen Rosenblätter haben aber nicht nur ihre Ursachen, sondern mit Sicherheit auch ihre Zweckmäßigkeiten. Die Verträglichkeit für das Licht ist bekanntlich bei den Pflanzen verschieden. So klettert eine Kapuzinerkresse, wenn sie in der Sonne steht, in den Schatten hinein. Ein Farn des Waldschattens, plötzlich ins helle Licht gebracht, bekommt gelbe Blätter. Wenn eine Pflanze gelbe Blätter bekommt, dann sind ihre Blattgrünkörper außer Funktion, die sind zerstört. Die Fabriken zur Verwandlung anorganischer in organische Stoffe stehen still, das Wachstum – wenn auch bei Gehölzen nicht gleich das ganze Leben – hört so ziemlich auf. Am wenigsten empfindlich ist das Blattgrün nun gegen die roten Spektralbereiche des Lichtes. Die Färbung der winzigen Blätter kann also als ein Filter des Lichtes, als ein Schutz des Blattgrüns in dem noch zarten Gewebe angesehen werden.

Allmählich nehmen die Blätter, soweit die rötliche Färbung nicht eine ererbte Sorteneigentümlichkeit ist, eine grüne Farbe an

Der Rosenstrauch braucht alle Kräfte seines Blattgrüns, damit er recht viele Augen zum Austrieb bringen kann. Den kleinen Fabriken im Rosenlaub nutzt aber die Energie des Lichtes gar nichts, wenn es an Rohstoffen mangelt, sie in Pflanzennahrung zu verwandeln. Diese Rohstoffe kommen als Kohlenstoff, Wasserstoff und Sauerstoff aus der Luft. Alle übrigen Stoffe wie Stickstoff, Schwefel, Kalzium, Magnesium, Kalium und Eisen kommen aus dem Boden. Nachdem die Gartenbeete vor der Bepflanzung mit Rosen gut vorbereitet sind, dürften diese Stoffe vorhanden sein. Sie können aber nur dann wirksam werden, wenn auch genug Wasser vorhanden ist. Erst die im Wasser gelösten Salze nehmen die Rosenwurzeln auf. Man muß die Wichtigkeit des Wassers einfach begreifen, um Pflanzen – und auch

Rosen – richtig und sinnvoll behandeln zu können. Die im Wasser gelösten Nährstoffe müssen nämlich dorthin gelangen, wo sie gebraucht werden. Das ist bei Kletterrosen zuweilen ein langer Weg. Stark vereinfacht könnte dieser Vorgang wieder von der »Angst« einer Pflanze her gesehen werden, ihr wichtigstes Organ könne zerstört werden, das Blatt. Die Zellen dieses Blattes haben eine besondere Empfindlichkeit gegen extreme Temperaturen. Sinkt das Thermometer unter den Nullpunkt, dann erfrieren sie. Werden die Blätter von der Sonnenbestrahlung zu warm, so führt das ebenfalls zur Zerstörung des Blattgrüns. Wir sagen dann so kurz hin, die Pflanze sei verbrannt. Es gibt zahlreiche Gewächse, die von der Natur her einen absonnigen Standort gewohnt sind und gegen ein Verbrennen nur durch künstlichen Schatten oder durch kühlenden, staubfeinen Wassernebel geschützt werden können. Bei der Rose ist das nicht der Fall. Sie ist Sonne gewohnt, sie kann sich selbst dagegen schützen, daß ihre Blätter zu heiß werden und verbrennen. Der Vorgang ist ganz einfach. Als Vergleich diene unsere nackte Haut im Sommer. Es ist sehr schwül, der Schweiß fließt in Strömen, man fühlt sich irrsinnig heiß und dennoch ist die Haut kühl, wo auch immer sie berührt wird. Unser Körper macht dasselbe zu seinem Schutz, was auch die Rose macht, indem er feine Wassertropfen durch die Poren drückt. Je wärmer es ist, um so mehr Feuchtigkeit kann die Luft aufnehmen. Wenn es dann in der Nacht kühl wird, kann sie nicht mehr soviel Feuchtigkeit festhalten, und so kommt es dann zu Nebel und zu Tau. Das aus unserer Haut und aus den Blättern der Rose heraustretende Wasser verdampft an heißen Tagen rasch. Beim Verdampfen des Wassers wird Wärme verbraucht. Es entsteht die sogenannte Verdunstungskälte. Wenn Wärme aber verbraucht und unaufhörlich zum Verdampfen von neuem Wasser beansprucht wird, dann ist zumindest so lange keine übermäßige Wärme und keine Verbrennungsgefahr vorhanden, als der Rosenstrauch immer neues Wasser aus dem Boden saugen und durch die Blätter abgeben kann.

Die vermehrte Verdunstung von Wasser an heißen Tagen hat also zur Folge, daß mehr Wasser dem Boden entnommen wird. Die starke Verdunstung bringt es weiterhin mit sich, daß mit dem vielen Wasser auch viele Salze in die Blätter gelangen. Nun wären diese Salze unnütz, stünde dem Blattgrün nicht die Energie des Lichtes zur Verfügung. Licht aber ist in der Zeit, von der hier die Rede ist, im Übermaß vorhanden, und so ist der Pflanze jener lebenswichtige biochemische Prozeß möglich, den wir als Assimilation kennen und die Botaniker richtige Photosynthese nennen.

Ein Wunder neuerer Züchtungsarbeit, die dauerblühende Strauchrose 'Westerland' auf der Mainau

Die Rosen, besonders, wenn sie erst gepflanzt worden sind, müssen im Mai und im Juni gewässert werden, wenn die Sonne scheint

Je mehr Wasser von den Rosenblättern verdunstet, um so besser ist es. Der erst angepflanzte Strauch mit seinen eingekürzten Wurzeln ist aber einstweilen auf die Feuchtigkeit in oberen Bodenschichten angewiesen. Es ist also erforderlich, je nach Witterung die Rosen des öfteren zu wässern. Das Wässern hat aber keinen Sinn, wenn die Feuchtigkeit nur eine Handbreit in den Boden eindringt. Erstens sitzen die feinen Wurzeln der Rose etwas tiefer, und zweitens wird diese Feuchtigkeit durch den Wind und durch die Sonne in kürzester Zeit aus dem Boden herausgeholt. Je nach Größe der Pflanzung geschieht das Wässern der Rosen in jeder Woche einmal mit der Gießkanne oder mit dem Schlauch. Zumindest zehn Liter Wasser muß eine Rose wöchentlich bei trockenem Wetter bekommen. Bewährt haben sich Schläuche, die der Länge nach in kurzen Abständen durchlöchert sind. Man legt den Schlauch so, daß die Löcher das Wasser direkt in den Boden abgeben und die Blätter der Rose nicht naß werden. Je nachdem, wie stark der Wasserhahn aufgedreht ist, legt man den Schlauch dann nach zwei bis drei Stunden an eine andere Stelle. In leicht abschüssigen Gärten kann man auch mit der Hacke flache Gräben ziehen und das Wasser hineinlaufen lassen. Kreiselsprenger oder der Viereckregner sollten über den Rosen möglichst wenig aufgestellt werden. Die nassen Blätter sind doch zu verlockend für allerlei schädliche Pilze, von denen Rosen vielfach gepeinigt werden. Wenn es im Sommer tüchtig warm ist und dazu noch Wind weht, dann bin ich allerdings nicht ängstlich, die Rosen eine Stunde lang zu beregnen.
Aber nicht nur das Wässern selbst ist wichtig, es soll auch versucht werden, die Feuchtigkeit des Bodens so lange wie möglich zu erhalten. Das ist einmal durch häufiges Hacken zu erreichen. Besonders nach einem längeren Regen ist die Hacke segensreich. Noch besser ist es, den Boden unter den Rosensträuchern mit einer Abdeckung zu versehen, die eine Wasserverdunstung weitgehend verhindert. Sofern ein Bauer noch Vieh im Stall hat, kann er dafür alten, kurzstrohigen Mist verwenden. Im Hausgarten ist der Rasenschnitt für diesen Zweck nicht ungeeignet. Nur muß der Rasen entsprechend groß oder das Rosenbeet klein sein, weil das verbleichende und verrottende, weiche Gras nach einigen Tagen keinen schönen Anblick darstellt. Am besten ist nach meiner Erfahrung die sogenannte Torfstreu. Aber auch für die Bodenabdeckung sollte Torf, der das Zwölffache seines eigenen Gewichtes an Wasser aufnimmt, vorher durchfeuchtet werden. Es handelt sich dabei um groben, brockigen Torf, der noch immer in drahtverschnürten Preßballen geliefert wird. Leider ist es nicht immer leicht, die gröbere Torfstreu zu bekommen. Feinen Torf und alle möglichen Substrate gibt es dagegen überall.

Die Wasserverdunstung des Bodens läßt sich natürlich auch mit anderen Mitteln verringern. Man kann alle ausgejäteten Unkräuter dafür verwenden, desgleichen Sägemehl und Hobelspäne und sogar Folien. Damit würde allerdings die wesentliche Aufgabe eines Rosengartens beeinträchtigt, schön zu sein.
Recht beliebt ist auch die Unterpflanzung von Rosen mit niedrigen, in teppichartigem Wuchs verbleibenden Stauden geworden. Befriedigend sind diese Anlagen aber nur dann, wenn der Rose zwar die Priorität eingeräumt wird, sie aber nur in einzelnen Büschen oder in kleineren Gruppen über einem derartigen Teppich steht. In einem solchen Fall ist es unbedenklich, die Polsterstauden unmittelbar nach den Rosen zu pflanzen. Nun scheint es erwiesen, daß der gefürchtete Sternrußtau die Rosen seltener befällt, wenn sie in einem irgendwie überwachsenen Boden stehen. Man wird also gelegentlich auch zwischen eng gepflanzten Rosen einen grünen Teppich aus Thymian, Fiederblatt oder – wenn es schnell gehen und billig sein soll – aus Walderdbeeren legen wollen. Das aber würde ich aus Gründen der besseren Wasserversorgung erst ein Jahr nach Anpflanzung der Rosen tun. Denn jedes noch so kleine Gewächs verbraucht Bodenfeuchtigkeit, die zunächst ausschließlich den Rosen zukommen sollte.

Achtung Pilze!

Wenn die Rosenblätter und allmählich auch die Blütenknospen, die neuen Triebe und die Stacheln einen weißen Belag bekommen, dann ist der Mehltaupilz am Werk. Wenn kein Wind geht und es recht schwül ist, dann fühlt sich der Mehltau am wohlsten. Der Übeltäter ist jedoch verhältnismäßig harmlos, weil ihm sehr schnell der Spaß an unseren Rosen verdorben werden kann. Für die Verhältnisse des Hausgartens genügt vielleicht schon ein Damenstrumpf und etwas gemahlener Schwefel. Man füllt den Schwefel in den Strumpf, der sodann zwischen den Rosensträuchern leicht geschüttelt und beklopft wird. Allerdings hat das nur dann einen Zweck, wenn nach der Stäubung ein Weilchen die Sonne scheint, damit sich aus dem Schwefel Gas entwickelt.
Sehr viel ungenehmer ist es, wenn an den Blättern plötzlich schwarze Flecken zu sehen sind. Dann ist ein anderer Pilz am Werk, und zwar schon seit geraumer Zeit, nämlich der Sternrußtau. Dieser Schmarotzer treibt sein Unwesen innerhalb des Blattes und nicht wie der Mehltau nur an der Oberfläche. Wenn die schwarzen Flecken zu sehen sind, dann ist das Zerstörungswerk bereits getan. Die Blätter fallen ab.
Man kann nur auf ein Wunder hoffen, daß noch ein wenig gesundes Laub ver-

bleibt. Meist sind es die untersten Blätter, von denen der Sternrußtau zuerst Besitz ergreift. Wahrscheinlich leben seine Sporen im Boden, von wo sie durch Spritzwasser am ehesten an die untersten Blätter gelangen. Man soll deshalb auch befallenes Laub stets verbrennen und es niemals auf den Kompost bringen.

Eine dritte gefährliche Pilzkrankheit ist an den neuen Sorten so gut wie überhaupt nicht mehr zu befürchten, es ist der Rosenrost. Auch dieser Pilz ist, ähnlich dem Sternrußtau, erst durch seine roten und grauen Flecken auf den Ober- und Unterseiten der Blätter zu erkennen. In der recht starken Resistenz gegen den Rostpilz liegt der entscheidende Wert neuerer Züchtungserfolge. Die viel gerühmten Remontantrosen des letzten Jahrhunderts sind vom Rosenrost dahingerafft worden. Wer auf den Charme dieser alten Rosen nicht verzichten möchte – was für mich verständlich wäre –, der nehme es mit der vorbeugenden Behandlung seiner Rosen gegen pilzliche und tierische Schädlinge besonders ernst.

Im Grunde genommen brauchen wir uns vor diesen Gefahren nicht mehr zu fürchten. Es stehen uns die Mittel zur Verfügung, die alle Schäden durch Pilze und Insekten von den Rosen fernhalten. Sofern der Sommer mit Sonne, Regen und Wind ein normales Wetter fabriziert und die Rosen nicht zu eng in einem einigermaßen guten Boden stehen, treten ernste Schädigungen meist gar nicht auf. Ich selbst hatte jedenfalls während der letzten zehn Jahre, von gelegentlichen Blattläusen und im Spätsommer 1969 von leichtem Mehltau an einzelnen Büschen abgesehen, keine Last. Während dieser Zeit sind meine Rosen nicht ein einziges Mal gespritzt worden. Inzwischen werden aber auch bei mir regelmäßige Spritzungen oder Stäubungen ab Anfang Juni durchgeführt. Ich habe nämlich, um sie genauer kennenzulernen, eine recht große Zahl von Rosen aus früheren Jahrhunderten – und dazu auch aus Platzmangel recht eng – gepflanzt. Und diese Rosen möchte ich vor allem nicht durch Pilzkrankheiten gefährdet wissen, die nicht mehr zu beheben sind, wenn man sie erkennt.

Was bei mir gut ging in den letzten zehn Jahren, das muß in anderen Gärten nicht auch so sein. Besonders gefährdet sind Rosen, wenn sie in zu engen, von Häusern, Mauern oder dichtem Buschwerk umstandenen Gärten stehen, so daß der Wind nicht heran kann. Verhängnisvoll ist weiterhin, daß der Befall vor allem mit dem gefährlichen Sternrußtau nicht rechtzeitig erkannt werden kann. Es sieht ja auch in jedem Jahr immer wieder so aus, als ob der Rosenstrauch allen Gefahren spottet. Er treibt kräftig, sobald es im Frühjahr warm und hell genug geworden ist. Seine größte Entfaltung erreicht der Strauch im frühen Sommer. Um diese Zeit scheint die Sonne am hellsten und am längsten von allen Tagen im Jahr. In den Wochen und Monaten des Wachstums und der vollen Lebensentfaltung habe ich kaum jemals Mehltau oder Sternrußtau an Rosen gesehen, ebensowenig Blattläuse oder

Buntes Gerank aus zusammengesteckten Schnittrosen auf einer Ausstellung – so etwas kann man machen

andere tierische Schädlinge. Man kann manchmal fast den Eindruck haben, als wagten sich die Schmarotzer an den kräftigen Strauch gar nicht heran. Und tatsächlich sind die ersten Anzeichen von Pilzbefall fast immer erst gegen Ende Juli zu sehen.

Auf jeden Fall ist es nicht verkehrt, seine Rosen ab Anfang Juni alle zehn Tage vorbeugend zu spritzen oder zu stäuben. Es gibt im Fachhandel zwei oder drei fertige Präparate, die als Rosenspritzmittel deklariert sind, sie haben vielfach ihre Bewährungsprobe bestanden. Es gibt auch schon gute kombinierte Mittel, mit denen man außer gegen Pilze auch gegen Blattläuse und andere saugende Schadinsekten vorgehen kann. Leichte und praktische Rückenspritzen aus Kunststoff gibt es schon für 25 Mark, sie reichen für die Verhältnisse eines normalen Hausgartens völlig aus. Hat man mehr als hundert Rosenbüsche zu spritzen, kann allerdings eine Druckspritze aus Stahl bequemer sein. Diese Spritzen werden aufgepumpt, und dann braucht man zum Versprühen der Spritzflüssigkeit nur auf einen Hebel am Handgriff des langen Rohres zu drücken, auf dem sich der Düsenkopf befindet. Beim Spritzen ist darauf zu achten, daß immer auch die Blattunterseiten getroffen werden. Daß man im übrigen mit allen Pflanzenschutzmitteln, insbesondere mit den Insektengiften, außerordentlich vorsichtig und streng nach den Vorschriften umgeht, versteht sich für den einsichtigen Gartenfreund von selbst.

Sollen nach dem ersten Flor die welken Blüten und die Hagebutten abgeschnitten werden?

Die meisten modernen Gartenrosen haben die Fähigkeit angezüchtet bekommen, mehrmals im Sommer zu blühen. Auch bei den sogenannten öfterblühenden Strauchrosen und mehreren Kletterrosen ist das der Fall. Bei allen diesen Rosen sollen die welken Blüten und die jungen Hagebutten abgeschnitten werden, sonst verschwenden die Sträucher zuviel Kraft auf den eigentlichen Sinn ihres Blühens, nämlich mit den Samen und den daraus entstehenden neuen Pflanzen für die Erhaltung ihrer Art zu sorgen. Die Hagebutten werden also zusammen mit den obersten beiden Blättern abgeschnitten, weil die Zweige unmittelbar unter den Blüten ohnehin zu schwach sind, als daß sie kräftige Verzweigungen mit neuen Blüten tragen können. Bei vielen Rosen wird man noch mehr von den Trieben wegnehmen müssen. Hierbei und auch beim Schnitt von Rosen für die Vase sollte aber stets der Grundsatz gelten, dem Strauch so viele Blätter zu belassen, wie es eben möglich ist.

Was geschieht mit den Rosen im Herbst?

Fast alle unsere modernen, niedrigen Gartenrosen sind durch Einkreuzung von Arten aus warmen Gebieten Asiens entstanden, wo es keinen Winter gibt. So möchten die Pflanzen im Herbst am liebsten weiterwachsen, sie werden nur durch zunehmende Dunkelheit und Kälte daran gehindert. In den meisten Jahren kommen mir die Rosen im Herbst wie die Kinder am Abend vor, die nicht zu Bett gehen wollen. Nur kann man den Rosen im Garten so viele Geschichten erzählen wie man will – sie schlafen trotzdem nicht ein. Gar so gefährlich ist es aber nicht, wenn die Rosen mit Blättern und grünen, saftigen Trieben in den Winter gehen. Diese Triebe erfrieren oder vertrocknen zwar bis zum Frühjahr, aber in fast allen Fällen befindet sich darunter noch hartes und gesundbleibendes Holz. Trotzdem muß es dem Gärtner darauf ankommen, den grünen Motor rechtzeitig anzuhalten. Viele Mittel stehen ihm dafür nicht zur Verfügung, denn auf das Wetter und seine Kapriolen fehlt ihm der Einfluß.

Das Wachstumstempo wird gedrosselt

Die erste Maßnahme, um das Tempo des Wachsens rechtzeitig in niedrigere Gänge schalten zu können, ist die Unterlassung jeglicher Stickstoffdüngung ab Mitte Juli. Sollte das Wetter im September zu naß sein, empfiehlt Wilhelm Kordes je Quadratmeter Pflanzfläche eine Handvoll Patentkali. Durch das Kalisalz wird Wasser gebunden, das den Rosen dann nicht mehr zur Verfügung steht. Außerdem nützt ihnen das Kali sehr. Schließlich ist ab September zwischen den Rosen nicht mehr zu hacken, die Erde soll völlig in Ruhe gelassen werden. Es könnte sonst passieren, daß durch Zunahme der Bakterientätigkeit in den obersten Bodenschichten ein neues Wachstum in Gang kommt.

Anhäufeln, aber richtig

Wenn anhaltender Frost zu erwarten ist, wird angehäufelt. Mit der Hacke zieht man von allen Seiten her einen Erdhügel um den Rosenstrauch. Den vielfach emp-

Blüte einer Teehybride. Jeder Rosenflor wird um so schöner und um so reicher, je mehr gesundes Laub eine Pflanze hat.

fohlenen Torf sollte man zu diesem Zweck allerdings nicht verwenden. Wenn Torf nämlich naß ist, dann zieht er in unheimlicher Weise den Frost an. Es sind schon ganze Baumschulkulturen erfroren, weil sie mit Torf abgedeckt waren. Junge Gehölze auf danebengelegenen Feldern, die überhaupt nicht abgedeckt waren, blieben dagegen am Leben. Der Zeitpunkt des Anhäufelns wird meistens zu früh gewählt. Der Gärtner im Herbst ähnelt mancher Hausfrau vor dem Osterfest. Es wird ein Generalputz des Gartens veranstaltet, man möchte endlich einmal fertig sein und sich anderen Beschäftigungen während des Winters hingeben, und so werden auch die Rosen gleich schon angehäufelt. Dabei würden Luft und Sonne den Pflanzen nur allzugut bekommen. Sie hätten ohne den Schutz des Erdmantels vielleicht noch viele Wochen, um ihr grünes Holz ausreifen lassen zu können. Man häufle die Rosen deshalb erst an, wenn anhaltender Frost zu erwarten ist, also in den meisten Gegenden Anfang Dezember.

Freilich lassen sich auf diese Weise nur die untersten dreißig Zentimeter der Rosen schützen. Diese Reserve genügt aber völlig, damit sich in kurzer Zeit wieder ein ansprechender Strauch entwickelt, wenn die Zweige über dem schützenden Erdmantel erfrieren sollten. Aber auch für diese Zweige gibt es einen Schutz. Am meisten bewähren sich immer wieder die Zweige von Nadelgehölzen. Wenn der Weihnachtsbaum ausgedient hat, dann sollen die abgeschnittenen Zweige über das Rosenbeet gelegt werden.

Im Februar geht es gegen Sonne und Wind

Es kommt bei diesen Maßnahmen nicht darauf an, den Frost abzuwehren. Vielmehr geht es darum, den ständigen Wechsel zwischen Frost und Tauwetter ein wenig zu regulieren. Wenn es mit den Nadelholzzweigen gelingt, im Januar und besonders im Februar die Sonneneinstrahlung abzuschirmen und den ausdörrenden, kalten, schneidenden Ostwind abzustumpfen, dann ist schon viel gewonnen. Theoretisch ginge es also auch, Juteleinwand über den Rosen auszuspannen oder auf einem provisorischen Lattenrost jene dünngebundenen Rohrdecken auszurollen, die überall als Gipsermatten bekannt sind. In der Praxis haben diese Schutzmaßnahmen allerdings ihre Schwächen, weil sie dem Wind nicht gewachsen sind, weil sie bei Regen zu schwer werden, und schließlich fehlt ihnen bei starken Schneefällen die Schmiegsamkeit der Fichtenzweige.

Im allgemeinen genügt es, die Rosen durch Anhäufeln mit Erde vor dem Winter zu schützen. Bei mir im Garten ist selbst das Anhäufeln unnötig, denn ich lebe in einer recht milden Gegend. Infolge der Lage meines Grundstücks am nördlichen Hang eines bewaldeten Berges scheint im Winter ohnehin keine Sonne auf die

Rosen. Schließlich sind alle Rosen so tief gepflanzt, daß auf alle Fälle eine letzte Reserve an Triebknospen im Schutz der Erde verbleibt.

Hochstammrosen mit Stroh im Kopf

Anders ist es mit Hochstammrosen, die in Meterhöhe oder noch höher über dem Erdboden veredelt und besonders stark den Gefährdungen des Winterwetters ausgesetzt sind. Bei ihnen finden wir besonders dickköpfige Kinder, die am Abend nicht zu Bett gehen wollen. Es bleibt also nichts übrig, die grünen Blätter müssen einzeln abgepflückt oder mit einer Schere abgeschnitten werden. Desgleichen entfernt man die weichen, krautigen Triebspitzen. Die Krone des Rosenbäumchens soll nämlich mit Erde überschüttet werden. Blätter und weiche Gewebe würden in diesem Winterbett nur Fäulnis verursachen. Vielfach wird die Rosenkrone nun mit Stroh ausgestopft. Das ist besonders wichtig, wenn es sich um bereits ältere Bäumchen mit einer recht großen, vielfach und nach allen Seiten verzweigten Krone handelt. Es könnte leicht zu Bruch führen, würde diese Krone unmittelbar mit Erde zugeschüttet, ohne daß sie ihre innere Festigkeit durch das eingestopfte Stroh hat. Man kann zum Ausstopfen natürlich auch die Halme und Blätter von Staudengräsern, Holzwolle und abgeschnittenes Heidekraut nehmen. Ich selbst habe, als ich noch Hochstämme im Garten hatte, die Krone niemals ausgestopft. Sie sind allerdings auch nicht allzugroß gewesen. Alsdann werden die losgebundenen Bäumchen vorsichtig umgebogen. Man kann sie mit über Kreuz gesteckten Stäben in der gebogenen Stellung halten. Ich selbst benutzte dafür stets Asthaken, es ging ausgezeichnet. Schließlich schaufelt man vorsichtig Erde über die Krone. Nur die äußersten Zweigspitzen sollen herausgucken. Weshalb diese Spitzen zu sehen sein sollen, das weiß ich nicht.

Ein Wintermantel aus Nadelholzzweigen

Kletterrosen an Zäunen und Hauswänden sind den Gefahren des Winters in ganz besonderem Maße ausgesetzt. Wer es gut mit diesen Kletterern meint, der zieht ihnen einen Wintermantel aus Nadelholzzweigen an, die wie Fischschuppen übereinandergehängt werden. Die bereits erwähnten, locker gebundenen Rohrmatten der Gipser eignen sich für diesen Zweck ebenfalls vorzüglich. Auch diese Rosen sollten ein paar Schaufeln voll Erde um ihre Füße bekommen. Dann steht für den Fall der Fälle immer noch eine Reserve für neue Austriebe zur Verfügung.

Ein Schema für den Rosenschnitt gibt es nicht

Die Frage nach dem richtigen Rosenschnitt bewegt immer wieder die Gemüter. Wer mit dem Garten noch nichts zu tun gehabt hat, sieht in dem Beschneiden der Rosen eine Art von Geheimwissenschaft, die schwer erlernbar ist. Am falschesten ist es, dem Problem schematisch beikommen zu wollen. Meist wird zum Zweck der Unterweisung des Laien eine Zeichnung angefertigt. Entweder mit verschiedenen Farben oder durch Strichelungen wird auf dieser Zeichnung angegeben, was an dem dargestellten Rosenstrauch weggeschnitten werden kann. Ein wenig helfen derlei Unterweisungen tatsächlich weiter. Nur hält sich der Rosenstrauch im Garten meist nicht an das Vorbild auf dem Papier, sondern er wächst ganz anders. Mir ist aus neuerer Zeit nur eine einzige, einfache und verständliche Regel in der Kunst des Rosenschnittes bekannt. Wilhelm Kordes antwortet auf die Frage, was man zu tun hat: »Man schneidet am besten überhaupt nicht. Es braucht nur erfrorenes, krankes, zu schwächliches und ins Innere des Rosenstrauches hineinwachsendes Holz weggenommen zu werden, und im übrigen lasse man die Rose in Ruhe.«

Mit Köpfchen schneiden

In dieser Empfehlung steckt allerdings noch nicht die ganze Wahrheit. Trotzdem wäre es im Zweifelsfalle besser, man hielte sich an den Rat eines so erfahrenen Mannes. Ich selbst beobachte Jahr für Jahr zwei sogenannte Gärtner, die ihr Brot dadurch verdienen, daß sie Privatgärten in einen Zustand versetzen, den sie Ordnung nennen. Stets kommt es mir so vor, als wollten sie durch das Geräusch der klickenden Schere ihren Lohnanspruch bekunden. Dabei wäre es in den meisten Fällen besser, sie würden die Rosenschere in der Tasche behalten. Bei einem meiner nächsten Nachbarn wird beispielsweise die *Rosa rugosa* in jedem Frühjahr bis kurz über den Erdboden zurückgeschnitten. Was im letzten Jahr aufgewachsen ist und nunmehr aus den Verzweigungen der Langtriebe heraus blühen möchte, kommt weg. Zwar handelt es sich bei der *Rosa rugosa* um eine besondere Art, die von den Gewohnheiten sonstiger Wildrosen abweicht. Sie treibt also nach dem Rückschnitt bald wieder von unten durch. Und wenn die Triebe etwa meterhoch geworden sind, dann bilden sich Knospen und Blüten. Vorher indessen, wenn sie stehengeblieben wären, hätte die *Rosa rugosa* bereits an den Zweigen des im vergangenen Jahres gewachsenen Holzes geblüht. Es wäre ein sehr viel längerer Flor zu erleben gewesen. Und damit bin ich schon an dem Punkt angelangt, an dem ein Kapitel über die Einfachheit des Rosenschnittes kompliziert zu werden beginnt.

Eigentlich ist es unsinnig, in Bausch und Bogen etwas Vernünftiges über den Rosenschnitt schreiben zu wollen. Alle Rosen bilden innerhalb der systematischen Ordnungen unserer Welt eine Gattung. Auch wir Menschen gehören allesamt einer Gattung an. Nur kommt bei uns niemand auf den Gedanken, Eskimos und Negern, kanadischen Trappern, Missionaren und Sowjetrussen dieselben Rezepte für ein glückliches Leben schreiben zu wollen. Freilich, das ist im Vergleich zu den Rosen stark übertrieben. Dennoch bleibt ein wahrer Kern. Denn es hat beinahe jede Sorte ganz eigene Eigenschaften des Wuchses, die beim Schneiden berücksichtigt werden müssen. Außerdem wird der Wuchs vom Standort beeinflußt, also vom Licht, vom Schatten, vom Wind, ja sogar vom Boden und vom Wasser. Hinzu kommen die durchaus nicht einheitlichen Wünsche, die wir Menschen an unsere Rose haben. Die einen wollen einen schöngewachsenen Strauch im Garten mit möglichst vielen Blüten. Einzelne Rosen mit langen Blütenstielen wollen die anderen. Hieraus ist bereits zu folgern, daß man mit schematischen Regeln nicht weit kommt. Nur derjenige wird seine Rosen beim Beschneiden richtig behandeln, der dabei an erster Stelle seinen Kopf bemüht und dann erst die Schere. Man muß eben versuchen, mit dem Leben, dem Wachsen und Blühen des Rosenstrauches zu denken. Es macht im übrigen viel Spaß, Pflanzen und ihre Gewohnheiten etwas genauer zu beobachten. Man mache die Augen auf. Was an Wissen dazugehört, das ist recht wenig.

Wie wächst eine Rose?

Die Rose ist zunächst einmal ein Strauch. Auch als Kronenstamm wird die Rose niemals ein Baum, sondern sie bleibt ein Bäumchen. Es ist gewissermaßen nur ein hochgehobener Strauch, der durch die Leitungsbahnen des Wildstammes mit dem Boden verbunden ist. In allen Rosen schläft die Fähigkeit, mit Hilfe der Stacheln und mit langwachsenden Trieben sich irgendwo aufspreizen und in die Höhe klettern zu können. Diese Fähigkeit ist der Rose von der Natur mitgegeben worden. Kein richtiger Baum wäre fähig, auf einmal das Klettern anzufangen. Er braucht es auch nicht, denn er war von Anfang an als Baum gedacht, so wie die Rose als Strauch.

Der Baum hat einen Stamm, der in die Höhe will, und er verzweigt sich zumal oben. Und wenn man einem Baum in freiem Stand auch die unteren Äste beläßt, so

Typisches Wuchsbild einer Rose, in der Gönner-Anlage von Baden-Baden gezeichnet. Es handelt sich um Rosa spinosissima 'Frühlingsgold', eine recht groß werdende sogenannte Strauchrose. Nicht viel anders sehen die Hundsrosen am Waldrand oder frei in den Garten gepflanzte Kletterrosen aus, sofern man sie in Ruhe läßt. In der Mitte zwischen den jungen Ruten ist deutlich der alte, verzweigte, borkige Stamm zu sehen. Unten links ist ein ursprünglich steil nach oben gerichteter Seitenzweig vor Jahren ganz kurz zurückgeschnitten worden. Unterhalb dieses Rückschnittes sind zwei Neutriebe beinahe parallel nach rechts oben gewachsen. Diese Triebe bringen den Strauch nur in Unordnung, und sie sind außerdem gar nicht nötig, denn die Regenerationskraft des Rosenstrauches – man sieht es an den vielen Neutrieben – ist stark genug. Die Verzweigung hätte also bis auf den Astring, also bis an den Stamm, weggeschnitten werden können.

Dies ist ein genau nach der Natur gezeichnetes Wuchsbild der Sorte 'Aurora', einer von W. Kordes 1953 in den Handel gegebenen und inzwischen leider wieder verschwundenen Strauchrose. Die alten Stämme sind dunkel und haben längliche, weiße Borkenrisse. Die hellen Stacheln sind zumal im Winter eine Zierde. Und zwischen den mehrjährigen, dicken Stämmen treiben die jungen, gleichfalls dunklen, jedoch glatthäutigen Stämme in die Höhe. Der Strauch wird nicht auf die übliche Art verjüngt, indem das alte Holz immer wieder kurz zurückgeschnitten und zu erneutem Austrieb gezwungen wird. Vielmehr bleibt die Rose ihrem eigenen, natürlichen Verjüngungsdrang aus dem Boden heraus überlassen.

wächst er doch vor allem im Wipfel. Der Strauch dagegen bleibt in Erdnähe, er verzweigt sich aus der Mitte seiner Langtriebe heraus, oder die Verzweigung kommt von unten aus dem Stamm, gar aus dem Boden. Die Botaniker sprechen von der Neigung eines Strauches zu *basotoner* Verzweigung, wenn seine neuen Triebe vornehmlich von der Basis her, also von unten, wachsen. Und die Rose, sagt der Dendrologe Franz Boerner, ist geradezu ein Musterbeispiel für Sträucher mit basotonen Verzweigungen. Das gilt ohne Zweifel für die Wildrose, wenn sie aus Samen vermehrt wurde und auf eigenen Wurzeln steht. Das gilt aber auch für viele Strauchrosen, wenn sie tief genug gepflanzt werden und in der Lage sind, sich durch Eigenbewurzelung von der Unterlage frei zu machen.

Es steckt in der Rose also von ihrer Natur her der Drang, sich ständig durch neue Triebe zu verjüngen, die aus der Basis des Strauches herauswachsen. Das alte Holz läßt die Rose in der Natur draußen allmählich vertrocknen, es zerfällt. So wird immer wieder Platz für eine Erneuerung geschaffen. Und nun sehe man sich im Garten um. Da steht vielleicht wie bei mir die Rubiginosa-Hybride 'Flammentanz'. An zwanzig weit im Bogen überhängenden Zweigen hat der Strauch in diesem Jahr geblüht. Diese langen Ruten blühen auch im nächsten Jahr, wenn vielleicht auch weniger reich. Dazwischen sind in diesem Jahr ebensolange Triebe in die Höhe gewachsen, sie fühlen sich noch ganz weich an. Und mitten in dem Strauch steckt das ganz alte, borkige, teilweise schon verbröckelnde Holz. Aufgabe des Gärtners kann es lediglich sein, der Natur dieses Rosenbusches zu helfen, das alte Holz loszuwerden. Es wird also im Winter herausgesägt, so tief die Säge angesetzt werden kann.

Bei den niedrigeren Buschrosen ist die Neigung nicht gar so stark, sich ständig durch Neutriebe von unten her, aus dem Boden heraus, zu verjüngen. Vielleicht sind diese Rosen durch vielfache Einkreuzungen zu weit von ihrer Natürlichkeit entfernt worden. Ob sich diese Rosen durch tieferes Pflanzen zur Selbstbewurzelung bringen lassen, das scheint noch niemand genau zu wissen. Ich habe im eigenen Garten jedenfalls den Eindruck, als ob einige tiefer gepflanzte Sorten sehr viel freudiger von unten her austreiben, als zu flach stehende Büsche. Mir scheint, als ob Rosenbüsche immer dann am armseligsten dran sind, wenn sich ihre knubbelige, vielfach verwachsene Veredlungsstelle über der Erdoberfläche befindet. Trotz alledem ist auch bei diesen Rosen der Drang zu beobachten, immer wieder aus dem Holz nahe am Erdboden auszutreiben und sich zu verjüngen.

Es gilt also auch hier, der Natur in ihrem eigenen Bestreben zu helfen. Statt einen Fehler zu machen, sollte man aber auch in diesem Fall auf Wilhelm Kordes hören und lieber gar nicht schneiden. Man sehe sich einen Rosenbusch an. Nehmen wir als Beispiel die unübertreffliche Sorte 'Schneewittchen'. Nehmen wir weiter an, es

Dies ist meine Maréchal-Niel-Rose im Lärchenholz-Kübel. Ich habe mich bemüht, die Zweige und ihre Windungen so genau als möglich zu zeichnen. Auch hier sieht man wieder, wie sich das mehrjährige Holz allmählich zu einer beinahe runden, lockeren Krone formt. Es gibt immer wieder kurze Verzweigungen mit Blüten. Alle starken Schnitte sind unterlassen worden. Und ganz von selber verjüngt sich die Rose durch zwei Langschosse, die kräftig von unten her aufwachsen. Allerdings kommen diese neuen Ruten nicht ganz aus der Basis des Strauches heraus. Möglicherweise liegt es daran, daß die Pflanzung in dem verhältnismäßig kleinen Kübel nicht tief genug erfolgte.

Geschnitten wird die Rose stets über einem Auge. Und zwar führt man die Schere so, daß sich ein Schrägschnitt ergibt. Das Wasser kann somit leichter ablaufen. Auf der Zeichnung ist der Schnitt zu hoch geführt. Weil sich an dem stehengebliebenen Zapfen kein Blatt befindet, findet kein Saftfluß statt. Das Holz stirbt also ab. Und dieses absterbende Holz wird nun zu oft von Pilzsporen und von Schädlingen befallen. Außerdem sehen die allmählich schwarz werdenden Zapfen unschön aus. Wiederum darf der Schnitt nicht zu tief geführt werden. Sonst trocknet das Auge möglicherweise von hinten aus. Etwa dort, wo die oberste Stachelspitze sitzt, müßte der Schnitt geführt werden.

ist März. Der Strauch hat drei daumenstarke, meterhohe Triebe, die in der oberen Hälfte reich verzweigt sind. Während des vergangenen Sommers hat 'Schneewittchen' unablässig geblüht. Nun sind noch im letzten Sommer aus dem Boden sechs Jungtriebe gewachsen, sie haben nur die Höhe von einem halben Meter erreicht. Wir dürfen annehmen, daß der Strauch alle seine Kraft auf diese sechs Jungtriebe konzentriert. Denn er will sich verjüngen, er will am Leben bleiben. Die vielfältigen Verzweigungen des älteren Holzes interessieren ihn nicht mehr. Nun wäre es jetzt falsch, von dem alten Holz mehr als etwa verdorrte oder erfrorene Zweige wegzunehmen. Ein etwas schärferer Schnitt, zumal er sich über den Vegetationsspitzen der Jungtriebe befindet, würde das alte Holz zu erneutem Austrieb reizen. Von dem Saftstrom für die jungen Sprosse müßte also etwas abgezweigt werden. Der ganze Wuchsrhythmus des Rosenstrauches käme in Unordnung.

Richtiger beläßt man alles so, wie es ist. Nach einigen Jahren dürfte der Holzwuchs zu dicht geworden sein. Zwar zerfällt das alte Holz ebenso wie bei den Hundsrosen im Wald. Doch ist es im Garten richtiger, die borkigen Stämme nach und nach herauszusägen. Es lassen sich dafür keine starren Regeln aufstellen.

Die erste Grundforderung lautet also: Dem Rosenbusch muß in seinem von der Natur geschaffenen Verlangen geholfen werden, sich ständig von unten her neu aufzubauen und zu verjüngen.

Wie blüht eine Rose?

Ausnahmslos jede Rose in der Welt entwickelt ihre Blüte während des Wachstums aus einem grünen Trieb heraus. Niemals bildet sich eine Knospe unmittelbar an dem Holz, das im Jahr zuvor gewachsen ist. Hier liegt ja auch der Grund dafür, daß es mit der Blütentreiberei von Rosen im Winter viele Schwierigkeiten gibt. Nur aus dem Wachstum ihres grünen Triebes heraus kann eine Rose blühen. Wachsen aber kann eine Pflanze nur, wenn sie genug Licht hat oder wenn sie bereits genußfertig zubereitete Nährstoffe vom hellen Sommer her in Zwiebeln, Knollen und Rhizomen gespeichert hat, wie das vor allem bei Tulpen, Hyazinthen und Narzissen der Fall ist.

Es muß also ein junger, grüner, beblätterter Trieb wachsen, an dessen Ende sich die Knospe bildet. Dieser Trieb wiederum wächst aus einer Triebknospe heraus, die als Auge bezeichnet wird. Augen befinden sich immer über den Blattstielen oder an den Stellen, unter denen im letzten Herbst die Blätter abgefallen sind; man kann die Narben erkennen. In Erdnähe, an einem in die Höhe gewachsenen Rosentrieb, sind die Augen nur schwach zu erkennen. Manchmal handelt es sich nur um rötliche Punkte. Je höher die Augen sitzen, um so stärker sind sie ausgebildet. Die Höhe

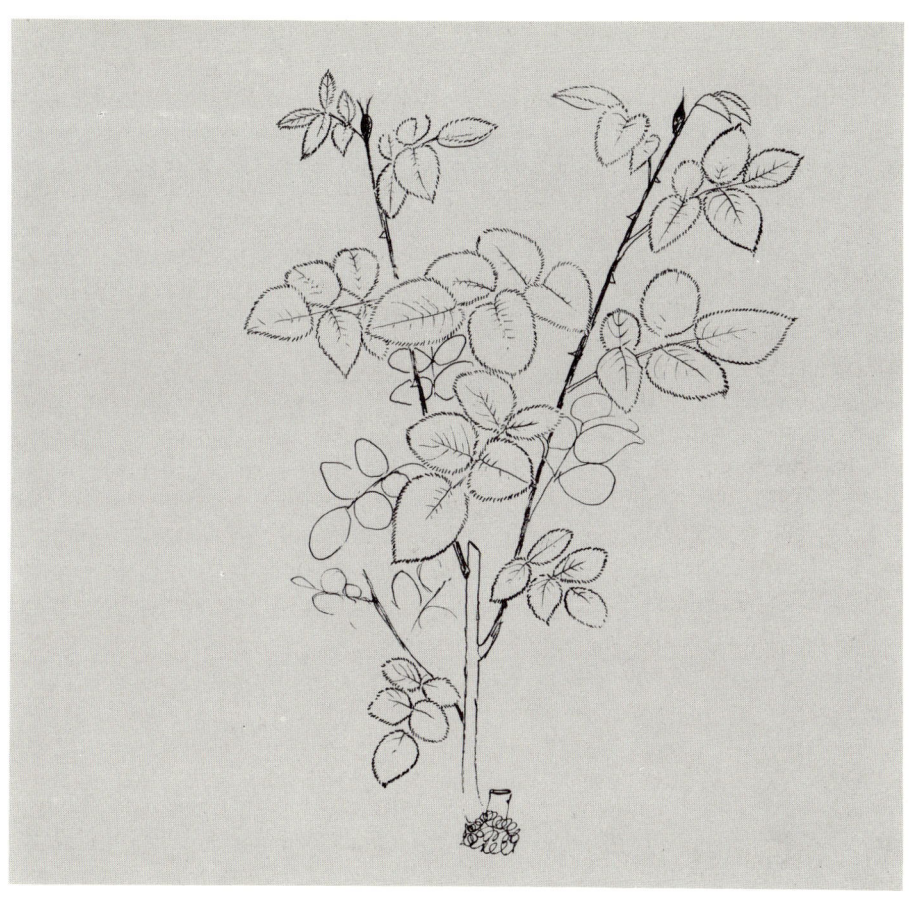

Dies sind zwei Blütentriebe der Meilland-Rose 'Florian', einer johannisbeerroten Polyanthahybride, gezeichnet am 5. April. Die Rose steht in einem größeren Blumentopf, sie wurde genau am 3. März in mein Kleingewächshaus gestellt, dessen Heizung für eine Mindesttemperatur von 10 Grad sorgt. Bei Sonnenschein wurden alle Lüftungsfenster aufgemacht, weil sonst die Erwärmung zu stark geworden wäre. In wenig mehr als vier Wochen sind also an den Enden der beiden Jungtriebe, die jeweils sieben bis neun Blätter haben, Knospen zu sehen. Die Zeichnung soll zeigen, daß eine Rose nur aus dem vollen Wachstum ihrer Jungtriebe heraus Knospen entwickelt und blüht. Und für dieses Wachstum braucht die Rose, aufeinander abgestimmt, Feuchtigkeit und Nährstoffe, eine gewisse Wärme, frische Luft und viel Licht. Wenn unter günstigen Voraussetzungen zahlreiche Blätter entwickelt werden können, dann gibt es einen reichen Flor. Die ganze Kunst des Rosengärtners besteht eigentlich nur darin, seinen Sträuchern zu möglichst vielen Blättern zu verhelfen und sie von Krankheiten sowie von Schädlingsfraß frei zu halten.

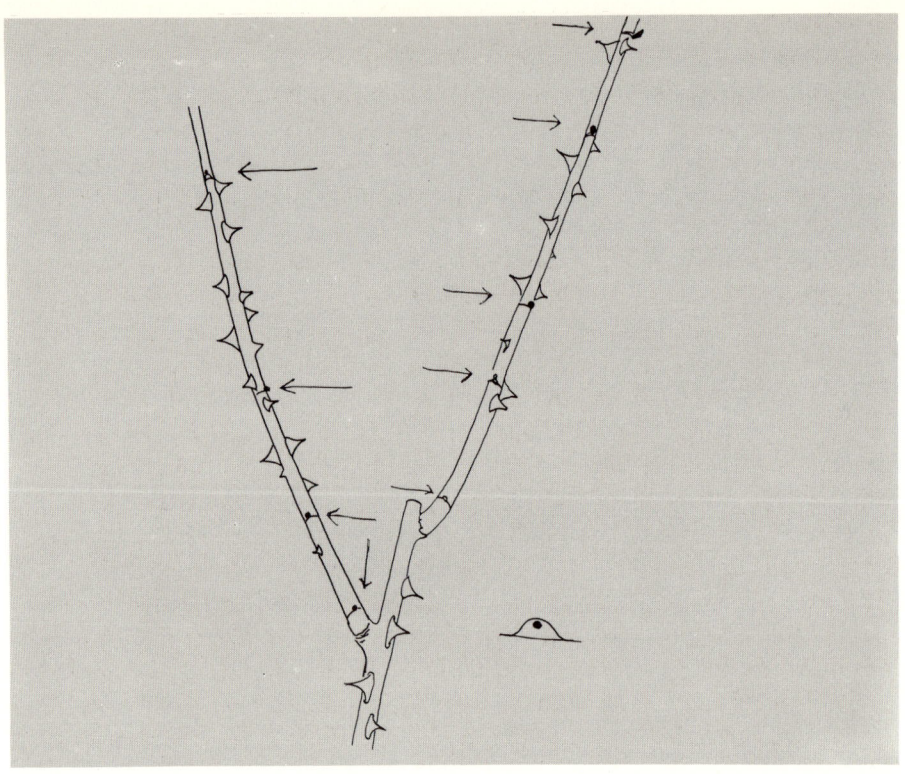

Das ist ein typischer Rosenzweig. Das untere, dickere Stück ist im vergangenen Jahr von April bis Ende Juni gewachsen. Dann wurde die Blüte abgeschnitten. Das muß man bei mehrmals blühenden Rosen immer tun, weil die Pflanzen sonst ihre ganze Kraft bei der Samenausbildung in den Hagebutten verbrauchen. Sofern erst die verwelkten Blüten weggenommen werden, soll man auch das oberste und meist zu dünne Stück des Triebes wegschneiden. Das am Strauch verbleibende Holz muß so kräftig sein, daß es die neuen Verzweigungen mit ihren Blüten tragen kann. Nach dem Abschneiden der Blüte sind also, wie man sieht, aus den beiden oberen Augen zwei neue Triebe mit Blüten herausgewachsen. Die Pfeile weisen darauf hin, wo sich Augen befinden, also Knospen für neue Austriebe. Immer befinden sich diese Augen über den Stellen, an denen im Jahr zuvor Blätter waren. Man erkennt die Stellen an den Blattnarben, also an dünnen Rillen, die sich halb um die Triebe herumziehen. Über der Narbe ist ein bräunliches Schildchen, in dem das Auge sitzt. Rechts unten habe ich so ein Auge in Vergrößerung gezeichnet. Wer nun im Frühjahr genau hinsieht, wird im oberen Teil der Verzweigungen stets die dickeren, am meisten ausgebildeten Augen finden. Rechts ist das von mir akkurat nach dem Modell in meinem Garten – es ist eine 'Coral Dawn' – gezeichnet worden. Weil die am stärksten ausgebildeten Augen am zeitigsten austreiben, bekommt der Rosenstrauch bald seine Blätter, mit denen dann das ganze Wachstum und auch die Ausbildung der unteren Augen in Gang kommt.

hat aber nicht unbedingt etwas mit der Trieblänge zu tun. Es handelt sich vielmehr um die effektive Höhe über dem Erdboden. Weinreben werden oft in Bögen gebunden. Es entwickeln sich dann stets diejenigen Knospen am stärksten und am zeitigsten, die ganz oben im Bogen sind. Wer Kletterrosentriebe am Haus weit auseinanderfächert, der verteilt damit die Austriebsfreudigkeit der Augen. Wer eine Kletterrose waagerecht auf dem Zaun entlangführt, erreicht einen ganz gleichmäßigen Austrieb.

Daraus ergibt sich, daß Wildrosen, sich selbst überlassene Kletterrosen ohne Kletterzwang und Strauchrosen mit Wildwuchscharakter besonders schöne Blütensträucher abgeben. Die langen Triebe haben von sich aus schon die Neigung, in Bögen überzuhängen. Dieser Wuchs wird durch Regen, Schnee sowie durch das Gewicht der im Frühjahr treibenden Verzweigungen und Blätter noch verstärkt. Die etwa in Triebmitte sitzenden Augen sind am höchsten und sind am stärksten ausgebildet. Fast gleichmäßig treiben von der Mitte bis zu den Spitzen der langen Ruten, desgleichen noch ein Stück ins Innere des Strauches hinein, die kurzen Sprosse mit ihren Knospen heraus. Ähnlich ist es bei Buschrosen mit sorteneigentümlicher Veranlagung zu langen Trieben. Das ist beispielsweise bei 'Silberlachs' und 'Olala' der Fall. Die Triebe neigen sich meist zur Seite, und deshalb kommen die kurzen Sprosse in der ganzen Länge zum Austrieb und zum Blühen.

Schwieriger ist es demzufolge bei Rosen, die sehr aufrecht wachsen. Auch bei Kletterrosen ist es nicht immer einfach, wenn sie steil in die Höhe gezogen werden. Weil die obersten Augen bevorzugt austreiben, kommt es oft zu ganzen Blütenwolken unter der Dachrinne des Einfamilienhauses, und unten sind die Wände kahl. Werden Beetrosen außerdem noch zu eng gepflanzt, dann kann sich tatsächlich der Blütenflor in Höhen abspielen, die nicht erwünscht sind. In meinem Garten ist eine 'Orange Triumph' zwei Meter hoch gewachsen, weil sie von einem sich ausbreitenden Pfitzer-Wacholder bedrängt wurde.

Doch wachsen auch Rosen nicht in den Himmel hinein. Irgendwann ist es selbst an lichtarmen Standorten mit dem Höhenwuchs zu Ende. Nehmen wir eine 'Queen Elizabeth Rose', die im ersten Sommer nach der Anpflanzung in Meterhöhe in Blüte gekommen ist. Der abwelkende Blütenstand wurde sodann mit den oberen beiden Laubblättern, weil der Stiel zu dünn war, weggeschnitten. Alsbald ist die Rose aus zwei Augen unterhalb der Schnittstelle erneut ausgetrieben, und im August hat sie in meiner Augenhöhe abermals geblüht. Nun war das Sommerwetter schön sonnig, und weil der Herbst außerordentlich mild begann, blühte die Rose ein drittes Mal gegen Ende September, die Blüte befand sich fast in einer Höhe von zwei Metern. Wenn ich nun im Frühjahr die Spitze wegschneide, dann gibt es keinen so gewaltigen Trieb nach oben mehr. Stattdessen entstehen Verzweigungen mit neuen Blüten. Durch die Verzweigungen nimmt der Blätterwuchs zu. Die Assimilationstätigkeit wird größer und die Wasserverdunstung wird stärker. Es werden dem Rosenstrauch also viele Nährstoffe zugeführt. Weil aber für das ausgewachsene und nur noch zum Blühen bestimmte Holz nicht so viele Nährstoffe nötig sind, nützt sie der Rosenstrauch für sein Bestreben, jung zu bleiben. Es kommt zu neuen Austrieben, meist weit unten aus dem alten Holz oder aus dem Boden.

Ich hätte die 'Queen Elizabeth' nach dem ersten Blütenjahr auch bis in Bodennähe herunterschneiden können. Zwar wäre der zeitige Blütenflor dadurch verschoben worden, aber in etwa hätte sich das Spiel vom Vorjahr wiederholt. Nun fürchte ich, daß auf diese Weise der natürliche Verjüngungstrieb, wenn auch nicht unbedingt unterbunden, so doch gefährdet wird. Der bekannte Fachmann Dietrich Woessner in der Schweiz gibt einer Beetrose – also einer Teehybride oder einer Floribundarose – eine Lebensdauer von nur dreißig Jahren. Das kann doch ausschließlich daran liegen, daß man den Rosen durch das alljährliche Zurückschneiden des alten Holzes nicht genug Anreiz gibt, sich mit frischen Trieben aus der Basis heraus immer wieder zu verjüngen.

Auch bei Kletterrosen ist es nicht so, daß Neutriebe mit der Schere erzwungen werden müssen, indem man die Rosen im Frühjahr kurz herunterschneidet. Man kann die alten Verzweigungen ruhig blühen lassen, sie verbrauchen nicht viel Nährstoffe, sie sind im Gegenteil durch ihre vielen Blätter an der Nährstofferzeugung beteiligt, und die starken Neutriebe von unten her kommen dennoch. Ich erinnere nochmals an das Zitat von Wilhelm Kordes. Man braucht eigentlich gar nicht zu schneiden.

Hier spielen übrigens noch andere Überlegungen und Beobachtungen eine Rolle, die mit der Jahreszeit und mit dem Licht in Zusammenhang stehen. Wenn weit zurückgeschnitten wird, dann tritt die Blüte naturgemäß später ein. Die spätere Blüte hat einen verspäteten Durchtrieb zur Folge. Wenn das Wetter dann im Spätsommer nicht ganz hervorragend ist, dann kann es durchaus passieren, daß ein weiterer Flor unterbleibt. Aber das würde mein Vorhaben erschweren, den Rosenschnitt unschematisch darzustellen und von der Natur des Rosenstrauches her begreiflich zu machen.

Eine letzte grundsätzliche Bemerkung zur Frage, wie eine Rose blüht, ist indessen nicht zu umgehen. Es ist nämlich keineswegs so, daß eine Rosenblüte um so größer und schöner wird, je weniger Knospen ein Strauch zur Entfaltung bringen muß. Die Blütengröße ist ein Charakteristikum der jeweiligen Sorte. Es gibt freilich Schwankungen, die allerdings ihre Grenzen haben. Licht, Boden, Wasser und Nährstoffe mögen Unterschiede der Blütengröße innerhalb bestimmter Grenzen verursachen, aber kaum so, daß es zu völlig untypischen Blütenbildungen kommt. Zusammengefaßt: Man kann davon ausgehen, daß jede Rose die natürliche Veranlagung besitzt, sich von unten, von der Basis her, zu verjüngen. Bestes Beispiel ist die Hundsrose, *Rosa canina*, deren abgeblühtes altes Holz vertrocknet und abstirbt, so daß immer wieder Platz für die aus dem Boden kommenden Neutriebe entsteht. Der natürliche Lebensrhythmus wird aber gestört, wenn das alte Holz durch dauernden Beschnitt immer wieder zu Austrieben veranlaßt wird. Daß diese Schnittweise, beispielsweise bei Hochstämmen, gar nicht anders möglich ist, das steht auf einem anderen Blatt.

Die Rose ist von ihrer Natur her ein Strauch

Die Frage nach dem richtigen Rosenschnitt steht in engem Zusammenhang mit der Frage, als was eine Rose gepflanzt wird: als Blütenstrauch oder als Teppichblume. Die Entscheidung für das eine oder für das andere muß jedem Gärtner selbst überlassen bleiben, denn beides ist möglich. Wilhelm Kordes schreibt im »Rosenbogen« 3/1970, daß er in Norwegen die natürlicherweise zwei Meter hochwerdende Strauchrose 'Wilhelm' als kurzgeschnittene Beetpflanze mit gleichmäßigem, meterhohem Flor gesehen hat. Im Rosengarten der Gönneranlage von Baden-Baden steht die Strauchrose 'Schneewittchen' als mannshoher, bis zum Erdboden belaubter Busch, der jeweils eine Fläche von zumindest vier Quadratmetern beansprucht; der Flor ist überwältigend in der Fülle. Dieselbe Sorte kann man im Westfalenpark von Dortmund in flächiger Pflanzung sehen, die Blüten stehen in einer Ebene eng gedrängt, etwa 80 cm hoch. Ich habe sie nicht gezählt, aber wahrscheinlich hat der über vier Quadratmeter hinweggewölbte Strauch ebensoviele Blüten, wie sie von beetmäßig auf der gleichen Flächen gepflanzten Rosen der Sorte 'Schneewittchen' hervorgebracht werden. Nur, daß der hohe Strauch mit seinem eleganten Wuchs einen schöneren Eindruck macht und daß er auch die Blüten über dem blanken Grün seiner gesunden Belaubung viel besser zur Geltung kommen läßt. Die wenigsten Menschen ahnen, was für Wuchskräfte in vielen Sorten stecken, die ganz allgemein als Beetrosen mit der Empfehlung angeboten werden, man solle sie jeweils mit neun Exemplaren auf einen Quadratmeter pflanzen. Wenn man das tut, dann kommt man um den alljährlichen und meist zweimaligen starken Rückschnitt nicht herum. Denn alle Pflanzen wachsen lang in die Höhe, wenn sie auf widernatürliche Weise zu eng gestellt werden. Eine frei im Raum stehende Kiefer, die von allen Seiten genügend Licht bekommt, bleibt bis zum Erdboden grün. In einem Kiefernforst dagegen wachsen die Stämme dünn in die Höhe, und nur die Wipfel behalten ihre Nadeln. Bei Rosen ist es nicht anders. Die eingangs zitierte Empfehlung von Wilhelm Kordes bezieht sich also nur auf Rosen, die als richtige Blütensträucher in entsprechendem Abstand voneinander gepflanzt werden. Bei ihnen genügt es tatsächlich, außer den verblühten Blumen alljährlich nur dasjenige wegzuschneiden, das erfroren, krank, zu dünn oder in seiner Wuchsrichtung geeignet ist, den Strauch in Unordnung zu bringen: also alles ins Innere hineinwachsende Holz. Alle anderen Schnittmaßnahmen bringen uns nur um einen zeitigen Flor und damit meist um die Häufigkeit weiteren Blühens.

Sie kann aber auch als Beetblume gepflanzt werden

In öffentlichen Grünanlagen und Parks werden Rosen fast immer in großen Flächen angepflanzt. Man möchte viel Farbe sehen und wenig Pflegekosten haben. Tatsächlich macht die Rose dem Stadtgärtner das Leben relativ leicht. Da Gehölze – anders als krautartige Stauden und Sommerblumen – gegen chemische Mittel zur Verhinderung von Unkrautwuchs weitgehend unempfindlich sind, gibt es in dieser Hinsicht keine Sorgen. Lediglich müssen die Rosen öfter gespritzt, beschnitten und gedüngt werden. In den meisten Fällen setzt man neun Pflanzen je Quadratmeter. Dabei bleibt es gleich, ob es sich um großblütige oder um kleinblütige Sorten handelt. Die enge Pflanzung hat ein entsprechend dichtes Laubdach zur Folge. Auch dadurch wird, wenn die Wirkung der im Frühjahr ausgebrachten chemischen Mittel nachläßt, das Aufkommen von Unkräutern reduziert. Die enge Pflanzung hat außerdem den Zweck, eine Lückenhaftigkeit der bepflanzten Fläche so gut wie auszuschließen. Es läßt sich nämlich nicht vermeiden, daß hier und da eine Rose eingeht. In diesen Fällen ist es immer schwer, eine Ersatzpflanze zu guter Entwicklung zu bringen. Denn die alten Büsche stürzen sich mit ihren ausgewachsenen Wurzeln sofort in die freigewordene Erde. Da der neugepflanzte Busch erst noch seine Saugwurzeln wachsen lassen muß, kommt er meistens zu kurz. Zweifellos wird auf diese Art und Weise das Ziel erreicht. Der Spaziergänger kann sich an einem gleichmäßig hohen Blütenteppich erfreuen. Wer auch im Hausgarten keine anderen Absichten verfolgt, der kann dieselbe Praxis anwenden. Doch sollte man dafür Rosensorten nehmen, die von ihrer Natur her eine entsprechende Eignung besitzen. Das ist beispielsweise bei Rosen wie 'Schweizer Gruß' und 'Lili Marlen' der Fall. Es sollen keine Sorten sein, zu deren Eigenarten es gehört, lange Triebe wachsen zu lassen. Zwar lassen sich, wie es Wilhelm Kordes aus Norwegen berichtet, sogar riesigwerdende Strauchrosen auf Beete pflanzen und kurzschneiden. Aber man bringt sich bei dieser Praxis um die Freude an der Häufigkeit des Flors. So kenne ich in Baden-Baden eine Anlage mit neun Pflanzen der 'Queen Elizabeth' je Quadratmeter. Da das Beet insgesamt nur vier Quadratmeter groß ist, strebt der

Gärtner einen möglichst niedrigen Flor an. Die Rosen werden also im März auf vier bis sechs der untersten Augen jedes Triebes zurückgeschnitten. Nun dauert es aber seine Zeit, bis die Austriebe dieser Augen die Höhe von einem Meter erreicht haben und die 'Queen Elizabeth' blühen kann. Es wird also Juli, während die an den höher sitzenden Augen austreibenden Rosen derselben Sorte in meinem Garten zu Haus schon im Juni blühen. Nach dem Flor muß der Stadtgärtner die 'Queen Elizabeth' abermals stark zurückschneiden, um den bei dieser engen Pflanzung sonst unvermeidlichen Stangenwuchs zu verhindern. Es kommt dann allenfalls zu einer zweiten Blüte im Spätsommer. Dagegen hat die 'Queen Elizabeth' bei mir im Garten vier Blütezeiten. Wenn ich den Flor der aus dem Boden kommenden Verjüngungen noch hinzuzähle, dann kann ich sagen, daß sie eigentlich dauernd blüht.

Warnung vor enger Pflanzung

Es soll indessen nicht der Eindruck entstehen, als würde ich lediglich den freiwachsenden Rosensträuchern das Wort reden. Ich weiß aus eigener Erfahrung nur zu gut, daß einem Rosenfreund fast jeder Garten zu klein ist. Die zur Verfügung stehenden Flächen reichen fast niemals aus, um die Wünsche nach möglichst großer Sortenvielfalt zu befriedigen. Es bleibt dann außer dem jährlichen Schnitt keine andere Möglichkeit, die Rosenbüsche einigermaßen in Form zu halten. Trotzdem sei vor einer zu engen Pflanzung gewarnt. Neun Pflanzen auf den Quadratmeter kann man nur setzen, wenn es sich dabei um eine einzige Sorte handelt, die noch dazu schwachwüchsig sein muß. Mir selbst fehlt die Phantasie, um mir vorstellen zu können, daß beispielsweise von Sorten wie 'Duftwolke' und 'Pariser Charme' selbst bei enger Pflanzung mehr als vier auf den Quadratmeter gehen.

Schneiden im Frühjahr

Rosen sollen nur im Frühjahr geschnitten werden. Erfolgt der Schnitt im Herbst, dann kann es im März/April bereits zu Austrieben kommen. Diese Triebe sind dann von Spätfrösten äußerst gefährdet. Doch ist gegen einen leichten Ordnungsschnitt im Herbst nichts einzuwenden. Hier und da müssen, des besseren Aussehens und des leichteren Arbeitens wegen, ein paar zu lange Zweige noch vor dem Winter eingekürzt werden. Dann kommt es zwar ebenfalls am ehesten unter den Schnittstellen zu einem Austrieb im Frühjahr. Wenn aber diese obersten Jungtriebe erfrieren sollten, dann macht es nichts. Es bleiben weiter unten noch genug Augen intakt. Der Schnitt im Frühjahr soll aber auch nicht zu spät kommen. Denn der Entwicklungsstand der Triebknospen ist stets um so weiter vorgeschritten, je höher sie sich an einem Zweig befinden. Es wäre schade, wenn der Rosenstrauch im April viel Kräfte für die obersten Augen verbrauchte, und dann werden sie weggeschnitten. Der geeignetste Zeitpunkt für einen Schnitt dürfte in Jahren mit normalem Witterungsverlauf in der Monatswende März/April liegen.

Praxis des Schneidens

Am günstigsten zum Schneiden wäre ein scharfes Messer, weil eine glattgeschnittene Wunde am ehesten überwächst. Die Benutzung des Messers ist aber wegen der Stacheln nicht möglich, deshalb kommt nur eine Schere in Frage, die sehr scharf sein soll. Sie hat zu schneiden, aber nicht zu quetschen.
Zunächst wird alles dürre, erfrorene oder ins Innere des Strauches wachsende Holz entfernt. Die Schere wird aber niemals hart an der Rinde des stehenbleibenden Triebes entlang geführt, sondern in der Entfernung von etwa zwei Millimetern. Die Rindenverdickungen, aus denen die abzuschneidenden Triebe herausgewachsen sind, sollen stehen bleiben. Man hält also die Schere locker und preßt sie nicht geradezu gegen das alte Holz.

Keine Zapfen belassen

Der eigentliche Rückschnitt erfolgt stets wenige Millimeter über einem nach außen zeigenden Auge. Schneidet man zu kurz, dann kann es passieren, daß die Basis des Triebauges austrocknet. Schneidet man zu lang, dann entstehen häßliche Zapfen. Diese Zapfen haben im Leben des Rosenstrauches keinen Sinn mehr, sie werden schwarz und sind nicht selten die Anflugplätze für allerlei pilzliche Sporen, die eine Rose in Gefahr bringen können. Etwa einen halben Zentimeter über dem Auge soll geschnitten werden, es kommt auf die Stärke des Triebes an, aber als Faustregel mag diese Angabe genügen.
Den Schnitt selbst führt man nach Möglichkeit etwas schräg, damit Regenwasser nicht über das treibende Auge abläuft. Wiederum darf die Schnittstelle nicht gar zu schräg sein, weil dann die Gefahr des Austrocknens größer wird.

Wie stark wird geschnitten?

Durch diesen Schnitt soll die Rose gezwungen werden, ganz unten aus dem vorjährigen und gelegentlich auch älterem Holz auszutreiben. Bezweckt wird eine Blütenentwicklung in nur mäßiger Höhe. Andererseits soll die Rose aber soviele Triebe und Blüten wachsen lassen, wie es eben möglich ist. Ganz bestimmt treibt das oberste der verbleibenden Augen. Ganz gleich, ob es in Meterhöhe oder in Bleistifthöhe über dem Erdboden sitzt: das oberste Auge treibt – unter normalen Bedingungen – bestimmt und zuerst. Je tiefer die Augen nun unter der Schnittstelle sitzen, um so schwächer wird ihre Austriebskraft. Bezweckt wird aber durch diese naturwidrige Schnittbehandlung, daß die Rose möglichst viele Neutriebe möglichst weit unten hervorbringt. Der niedrige, bis zum Erdboden beblätterte Strauch: das ist mein Ziel. Schneide ich nun zu zaghaft, dann treiben möglicherweise nur die drei obersten Augen nacheinander aus. Das Holz darunter, an dem vielleicht noch fünf oder sechs weitere Augen erkennbar sind, bleibt kahl. Das Ziel wird somit nicht erreicht. Denn der Rosenstrauch verzweigt sich erst in gewisser Höhe, während doch seine Verzweigung kurz über dem Erdboden beabsichtigt ist. Schneide ich andererseits zu forsch, daß unten an dem Trieb nur drei Augen verbleiben, dann habe ich dem Strauch möglicherweise einige Augen weggeschnitten, die er ohne weiteres zum Austrieb gebracht hätte. Die Folge davon ist zunächst einmal eine geringere Zahl von Blüten. Noch nachteiliger aber kann sich ein zu scharfer Rückschnitt auf den angestrebten, harmonischen Aufbau des Strauches auswirken. Belasse ich einer Rose nämlich nur drei Augen je Trieb, während sie die Kraft zum Austrieb von sechs Augen besitzt, so wachsen die zu wenigen Triebe entsprechend stark und in die Länge. Die angestrebte Ordnung im Aufbau des Strauches kann also gleichzeitig durch einen zu zaghaften wie durch einen zu forschen Schnitt zunichte gemacht werden. Deshalb liegt das ganze Geheimnis des richtigen Rosenschnittes in der Fähigkeit des Gärtners, die Austriebsfreudigkeit seiner Rose abschätzen zu können. Starre Regeln lassen sich nicht aufstellen. Doch sieht man den Pflanzen ihre Fähigkeiten in etwa an. Ist der einzukürzende Trieb nur bleistiftstark, so wird er allenfalls zwei Augen zum Austrieb bringen. Einer daumendicken Triebstärke kann man den Austrieb von sechs Augen zumuten.

Es kommt beim Abschätzen der Austriebsfreudigkeit aber auch darauf an, wie sich das Frühjahrswetter entwickelt, ob die Blätter nicht beschädigt werden und wie eine Rose gewässert und gedüngt wird. Maßgebend ist aber auch die Stellung der zu beschneidenden Triebe. Wie schon mehrfach erwähnt, investiert eine Pflanze ihre meiste Kraft stets in die obersten Knospen. Je mehr sich also ein zu beschneidender Trieb in der Waagerechten befindet, um so zahlreicher werden die Austriebe sein. Das ist beispielsweise an Verzweigungen der Fall, die geschnitten werden müssen. Man kann aber besonders starkwüchsige Rosen, ein wenig zurückgeschnitten, mit ihren langen Trieben zur Seite binden und erzielt dadurch einen reicheren Austrieb sowie einen volleren Flor.

Schnittblumen oder Blütensträucher?

Vor dem Beschneiden der Rosen muß man sich darüber im klaren sein, ob es um schönblühende, möglichst harmonisch aufgebaute Büsche im Garten oder um Rosen geht, die mit langen Stielen als Schnittblumen herangezogen werden sollen. Kommt es auf Schnittblumen an, so macht man sich die Eigenschaft des Rosenstrauches zunutze, mit um so kräftigeren und längeren Stielen heranzuwachsen, je weniger Augen austreiben müssen. Es sei nochmals bemerkt, daß sich auf diese Weise wohl die Menge und die Stiellänge der Blüten beeinflussen lassen, nicht aber deren Größe.

Ebenso wie Beetrosen werden die Hochstammrosen beschnitten. Nur kommt es bei diesen Bäumchen noch mehr auf eine ausgeglichene Kronenform an, als das bei Rosen der Fall ist, die ohne Stamm gleich über dem Erdboden blühen. Man wird also zur Erzielung einer dichten Krone bestrebt sein, möglichst viele der verbleibenden Augen zum Austrieb zu bringen. Bei schwachwüchsigen Sorten ist das nicht sehr schwierig. Man schneidet sie bewußt etwas kurz, etwa auf zwei Augen je Trieb. Bei starkwüchsigen Sorten muß man besonders vorsichtig sein, wenn sie auf Hochstämmen stehen. Der zu starke Rückschnitt hätte einen zu starken Neutrieb zur Folge, und weit in die Höhe ragende Zweige sehen an Hochstammrosen niemals gut aus. Grundsätzlich soll man deshalb für die Veredlung auf Hochstämme nur schwächer wachsende Sorten nehmen.

Entspitzen

Besonders bei Hochstämmen – aber zuweilen auch bei Rosenbüschen auf dem Gartenbeet – wird gelegentlich das Entspitzen unumgänglich sein. Es kommt immer wieder vor, daß nur das oberste Auge unterhalb der Schnittstelle zum Austrieb kommt und lang in die Höhe schießt. Dadurch kann besonders ein Kronenbäumchen leicht in Unordnung kommen. Man verzichtet deshalb auf die zeitige Endknospe und kürzt den Trieb etwa Mitte Mai auf drei bis vier Augen ein. Auf diese Weise entstehen weitere Verzweigungen, eine bessere Form der Krone und auch ein reicherer – wenn auch etwas verspäteter – Flor.

Selbstverständlich kann man auch Buschrosen entspitzen, um sie zu einem reicheren, wenn auch verspäteten Flor zu bringen. Wahre Meisterleistungen an Präzision vollbringt man in dieser Beziehung im Internationalen Rosenneuheiten-Garten von Baden-Baden. Durch geschicktes Entspitzen ist es noch in jedem Jahr gelungen, die Rosen pünktlich an einem bestimmten, wochenlang vorher festgelegten Tag in Blüte zu haben.

Mit dem einmaligen Schnitt im Frühjahr ist es jedoch bei unseren modernen Rosen nicht getan. Fast alle Sorten besitzen die Fähigkeit, nach dem ersten Flor erneut durchzutreiben und ein zweites Mal zu blühen.

Schnitt im Sommer

Das tun sie aber in reicherem Maß nur, wenn ihnen die verblühten Blumen abgeschnitten werden. Dadurch wird gleichzeitig die Ausbildung von Hagebutten verhindert. Nun ist das letzte Stück der blühenden Triebe meist recht dünn. Würde nur die Blüte selbst abgeschnitten, so käme möglicherweise ein Auge an dem dünnen Zweigende zum Austrieb. Der Zweig würde aber kaum in der Lage sein, den neuen Trieb mit seinen in einigen Wochen erscheinenden, bei Regenwetter schweren Blüten zu tragen. Man muß also die Blüten mit einem Stiel entfernen, dessen Länge sich nach der Stärke des Rosenbusches richtet. Zumindest so lang muß der Stiel in den meisten Fällen sein, daß die obersten beiden Blätter mit weggeschnitten werden. Aber auch hierbei ist zu bedenken, daß eine Rose möglichst viele, gesunde Blätter braucht und daß die am weitesten oben sitzenden Triebaugen stets am stärksten ausgebildet sind. Nach dem zweiten Flor wird ebenso zurückgeschnitten. Auf diese Weise setzt sich der Rosenflor so lange fort, bis er von den Frösten im Herbst beendet wird.

Kletternde Edelrosen schneiden

Recht einfach ist der Umgang mit kletternden Edelrosen, die man auch als Climbing-Rosen bezeichnet. Die Langtriebe läßt man selbstverständlich unbehelligt, denn sie stellen das Tragegerüst des Rosenflors dar. Lediglich die Verzweigungen schneidet man im Frühjahr auf zwei bis fünf Augen zurück; es kommt auch hierbei auf die Stärke und deren Wuchskraft an.

Schnitt der Kletterrosen

Auch Kletterrosen sind äußerst einfach zu behandeln. Man muß sich nur über den Lebensrhythmus dieses Strauches im klaren sein, um alle aufkommenden Fragen selbst beantworten zu können. Alle Sorten blühen zunächst im Juni–Juli und am stärksten an den Verzweigungen der Langtriebe, die im Jahr zuvor herangewachsen sind. Erstes Erfordernis ist also die Schonung und Pflege der jungen Schosse, die alljährlich von der Basis her aufwachsen, denn an ihren Verzweigungen bildet sich der erste und stärkste Flor des nächsten Jahres. Es ist aber nicht so, daß die

Verzweigungen nur im ersten Jahr blühen. Auch im Jahr darauf und im dritten Jahr – wenn auch immer schwächer – werden neue Blüten ausgebildet. Die Voraussetzung dafür sind gute und kräftige Triebaugen an der Basis der Verzweigungen und in den unteren Blattachseln. Die Ausbildung dieser Augen wird gefördert, wenn man die Blüten nach dem Flor abschneidet und damit gleichzeitig eine kräftezehrende Bildung von Hagebutten verhindert. Es ist zwar bei der im Sommer vollbelaubten Kletterrose nicht so ganz einfach, aber man sollte doch beim Entfernen der Blüten darauf achten, daß die Verzweigungen so geschnitten werden, wie es ihrer Stärke entspricht. Allzu dünne Triebe kommen gänzlich weg. Die übrigen Zweige wird man bis auf drei bis fünf Augen zurücknehmen.

Dieses Entfernen der Blüten ist besonders bei den öfterblühenden Kletterrosen wichtig, weil dann die Durchtriebsfreudigkeit verstärkt wird.

Nach zwei bis drei Jahren läßt dann die Blühfreudigkeit der Langtriebe nach. Man sollte sie dann so tief wegschneiden, wie sich Säge oder Schere ansetzen lassen. Sofern genug Platz da ist, kann das alte Holz aber auch belassen werden, denn es stirbt allmählich von selber ab. In allen kletternden Sorten steckt noch die Veranlagung der Wildrosen, sich immerzu mit Bodentrieben zu verjüngen; sie müssen nur tief genug gepflanzt sein.

Die Vermehrung und Veredlung der Rosen im Garten

Aussaat kommt kaum in Frage

Es kommt selten vor, daß sich jemand über zu wenige Rosen in seinem Garten beklagt, meistens sind es zuviel. In Anbetracht ihres Größenwuchses und ihrer Lebensdauer sind Rosenpflanzen, von modernen Neuheiten abgesehen, geradezu billig. Es gibt also im Garten kein sonderliches Bedürfnis, selber Vermehrungen durchzuführen. Es sei denn, jemand bekommt Lust an der Hervorbringung ganz neuer Sorten, er will sich also als Züchter betätigen. Die verständliche Beschreibung der einschlägigen Praxis würde jedoch den Rahmen dieses kleinen Buches sprengen. Nur soviel sei gesagt, daß die Kreuzung von zwei Rosensorten durch künstliche Übertragung des Blütenstaubs nicht allzu schwierig ist. Auch die Aussaat und Heranzucht der Sämlinge aus den Samen der Hagebutte, die nach der künstlichen Bestäubung herangewachsen ist, stellt kein großes Problem dar. Und bereits im ersten Sommer nach einer erfolgreich durchgeführten Kreuzung kann man sehen, was bei dem Experiment herausgekommen ist. Sonst wird man aber im Hausgarten eine Vermehrung von Rosen durch Aussaat so gut wie niemals durchführen. Denn eine absolut treue Nachkommenschaft – die haargenau der Mutterpflanze ähnelt – gibt es nur bei Wildrosen. Und wer hat schon so viel Platz, um eine größere Anzahl von Wildrosen pflanzen zu können, die allesamt ziemlich riesig werden. Hinzu kommt noch die Überlegung, ob es sich der Mühe lohnt, denn schließlich kosten Sämlingspflanzen von Wildrosen in einer Baumschule nur Pfennige. Und dann gibt es immer noch die recht einfache Vermehrungsart durch Stecklinge und Ausläufer.

Steckhölzer bewurzeln sich

Wer hätte nicht schon von Ziergehölzen – und auch von Rosensträuchern – kurze Stecken abgeschnitten, um daran Etiketten zu befestigen und sie dann zur Kennzeichnung von neuen Pflanzen im Blumengarten oder von Aussaaten in die Gemüsebeete zu stecken. Nicht selten erlebt man es, daß diese Etikettenstäbe dann Blätter bekommen, und nach einem halben Jahr sind sie nur mühsam aus dem Boden zu ziehen, so halten sie sich mit neugebildeten Wurzeln fest. Wer also Jungpflanzen von Kletterrosen und Wildrosen heranziehen möchte, der schneidet im August einen jungen, aber schon fast ausgereiften Trieb in Stücke von jeweils etwa dreißig Zentimetern. Der untere Schnitt – mit einem scharfen Messer – soll möglichst unterhalb eines Auges vorgenommen werden. Und diese Triebstücke, jeweils das untere nach unten, werden dann einfach in den Boden gesteckt. Wenn der Boden noch zusätzlich mit scharfem Sand und Torf vermengt worden ist, dann geht es um so besser. Die obere Schnittfläche kann man noch mit Baumwachs verstreichen, und auch das Entfernen der Blätter wäre günstig, aber nötig ist das alles nicht.
Bereits im kommenden Frühjahr werden die Steckhölzer zu treiben beginnen und Wurzeln gebildet haben. Bei manchen Rosen gelingt es sogar, sie im Juli als halbstrauchige Stecklinge auf übliche Art und Weise, also an halbschattigem Standort in gespannter Luft, zur Bewurzelung zu bringen. Bei Centifolien und Moosrosen ist es nicht selten, daß abgeschnittene Zweige sogar in einem Wasserglas bewurzeln, wie es beim Oleander die Regel ist.
Von unseren Edelrosen heißt es jedoch, daß man sie allenfalls unter Glas anpflanzen könnte, wenn sie aus Stecklingen herangewachsen sind. Im Freiland, so lautet die Regel, seien diese Pflanzen nicht winterfest genug, wenn sie auf eigenen Wurzeln stehen. Erst eine Wildlingsunterlage würde die Edelsorte befähigen, die Frostkälte zu überstehen. Ich selbst möchte die Richtigkeit dieser Lehre – zumindest bei

unseren modernen Züchtungen – anzweifeln. Allerdings habe ich noch keine so eindeutigen Beobachtungen machen können, als daß eine beweisfähige Begründung meines Zweifels möglich wäre. Es stimmt mich nur bedenklich, daß man bei Kletter- und Strauchrosen die Eigenbewurzelung der Edelsorte durch bewußt tiefe Pflanzung ganz offiziell anstrebt, während die viel leichter zu schützenden Beetrosen erfrieren sollen, wenn sie nicht auf einer Wildlingsunterlage stehen. Man sagt, daß die Frostempfindlichkeit auf die aus China gekommene *Rosa odorata* zurückzuführen ist. Möglicherweise hat das alles vor fünfzig Jahren noch Gültigkeit gehabt. Inzwischen sind aber in die Edelsorten noch viele andere Arten eingekreuzt worden. Vielleicht wird die alte Regel auch nur durch die Tatsache genährt, daß sich Rosen durch Veredlung auf einem Wildling viel leichter und massenhafter von den Baumschulen vermehren lassen als durch Stecklinge. Für den Rosenliebhaber in seinem kleinen Garten wäre es aber äußerst wichtig, wenn die von mir in ihrer Richtigkeit angezweifelte Frage einmal genau geklärt würde. Ich habe zu dieser Frage schon viele Briefe geschrieben und mich mit Experten unterhalen. Doch keiner hat etwas Genaues gewußt.

Ausläufer

Schließlich gibt es bei manchen Rosen noch die Vermehrung durch Ausläufer. Das ist besonders bei der *Rosa gallica*, den Centifolien und Moosrosen, bei den Sorten der *Rosa rugosa* und bei manchen Wildarten wie beispielsweise der *Rosa virginiana* der Fall.

Okulation

Die am meisten angewandte und auch im Hausgarten übliche Vermehrungsart schließlich ist die Veredlung. Solange hinsichtlich der Frostempfindlichkeit auf eigenen Wurzeln stehender Edelrosen noch Zweifel bestehen, kann man sie sortenecht nur durch eine Veredlung vermehren, am besten und am einfachsten durch die Okulation.
Bei der Okulation wird ein Auge (lat. oculare) der Edelsorte in die Rinde eines Wildlings eingesetzt. Wenn das zur richtigen Zeit richtig gemacht wird, dann verwächst das Auge mit dem Wildling, und es entwickelt sich daraus eine neue Rosenpflanze.
Zuerst muß man natürlich den Wildling, also die Unterlage haben. Üblicherweise werden dazu ausgewählte Rassen der Hundsrose, *Rosa canina*, genommen. Vielblütige Rosen veredelt man gern auf der *Rosa multiflora*. Eine Anzucht der Wild-

linge aus Samen wird im Hausgarten kaum in Frage kommen. Es ist einfacher, sich die wenigen Pflanzen in einer Baumschule zu beschaffen. Aber auch am Waldrand und auf Kieshalden kann man junge Hundsrosen ausgraben und im Garten anpflanzen. Im Jahrbuch 1970 des Vereins deutscher Rosenfreunde war ein interessanter Bericht über die stetige Erneuerung von Hochstämmchen zu lesen. Diese Erneuerung kann zweckmäßig sein, wenn die Bäumchen zu alt sind oder wenn die alten Edelsorten gegen neue Züchtungen ausgetauscht werden sollen. Bekanntlich wachsen aus den Wurzeln aller Rosen immer wieder einmal Wildtriebe heraus. Man erkennt sie leicht an den hellen Blättern und muß sie bald entfernen. Dieser Wildwuchs tritt besonders häufig an Rosen auf, deren Wurzeln beim Einpflanzen geknickt oder gewaltsam gebogen worden sind. Man kann aber seitlich des alten Hochstammes so einen Wildtrieb auch in die Höhe gehen lassen. Bis er veredelt ist und sich die ersten Blüten entwickeln, läßt man den alten Stamm noch stehen. Schließlich wird er abgesägt, damit der Nachfolger sich frei entfalten kann.

Es ist auch möglich, sich bereits starke Stämmchen aus dem Walde zu holen. Wenn man sie im Herbst oder im Frühjahr pflanzt, dann kann die Veredlung im Juli/August erfolgen.

Die meisten Rosen werden am Wurzelhals okuliert, also unmittelbar über den obersten Verzweigungen der Wurzeln. Zu diesem Zweck pflanzt man die jungen Wildlinge im Herbst zuvor bewußt etwas flach, so daß sich der Wurzelhals über der Erdoberfläche befindet. Um so einfacher ist das Veredeln im nächsten Sommer. Vorher werden die Wurzeln und auch die Triebe etwas eingekürzt, wie das bei der Pflanzung von allen Gehölzen üblich ist, die keinen festen Wurzelballen haben. Nach dem Wässern wird recht hoch angehäufelt. Im nächsten Frühjahr und Sommer werden die Wildlinge nach Bedarf gegossen. Gut ist es, besonders starke Austriebe zu entfernen. Schwächere Triebe läßt man stehen und kürzt sie etwas ein. Auf diese Weise wird der Dickenwuchs des Wurzelhalses gefördert.

Die Edelreiser, von denen die Augen zur Okulation verwendet werden, müssen eine gewisse Reife haben. Das ist meist kurze Zeit nach dem ersten Flor der Fall. Ein Zeichen für den geeignetsten Zeitpunkt sind die Stacheln. Wenn sich die Stacheln abbrechen lassen, ohne daß umgebende Rinde mitgerissen wird, dann ist es so weit. Zugleich muß sich aber auch die grüne Rinde des Wildlings glatt vom feuchten Holz lösen lassen. Ein leichteres Lösen der Rinde läßt sich bewirken, indem man die Wildlinge zwei Wochen hindurch kräftig wässert, wenn es nicht regnen sollte. Der Veredlungsvorgang ist nun immer gleich, ob in den Wurzelhals oder oben in den grünen Stamm okuliert wird. Mit dem besonders scharfen Taschenmesser oder einem richtigen Okuliermesser wird in die Rinde ein Doppelschnitt gemacht, der wie ein großes T aussieht. Seitlich des senkrechten T-Schnittes löst man dann mit einem abgeflachten Holz oder mit dem als Löser bezeichneten Höcker am Okuliermesser vorsichtig die beiden Rindenflügel. Man braucht die beiden Flügel nur zu lockern, sie müssen nicht sonderlich in die Höhe stehen. Nun nimmt man das Edelreis in die linke Hand und schneidet mit ziehendem Schnitt von oben her einen etwa zwei Zentimeter langen Rindenstreifen ab, in dessen Mitte sich das Edelauge, meist noch mit dem Blattstiel, befindet. Es läßt sich nicht immer vermeiden, daß der untere Teil des Rindenstreifens etwas dünn und fransig ausläuft. Dann macht man noch einen schrägen Querschnitt, damit das Rindenstück unten eine keilartige Spitze bekommt. Stets wird man sich bemühen, außer der Rinde nur ganz wenig Holz mit vom Edelreis abzuschneiden. Den trotzdem verbleibenden Holzsplint kann man schließlich durch einen leichten Ruck von oben nach unten herauslösen. es darf dabei aber nicht die winzige Verdickung unterhalb des Edelauges herausgerissen werden. Richtig ist es, wenn über und unter dem Edelauge je ein zentimeterlanges Rindenstück verbleibt.

Dieses Rindenstück mit dem Edelauge wird nun vorsichtig von oben zwischen die gelockerten Flügel des T-Schnittes geschoben. Was von der Rinde des Edelauges über den waagerechten T-Schnitt hinausragt, wird abgeschnitten. Und nun wird die ganze Okulation fest mit Bast umwickelt, so daß nur unser Edelauge selbst – zusammen mit dem vielleicht noch anhaftenden Blattstiel – zu sehen bleibt. Der Verband soll fest und dicht, jedoch nicht zu dick sein. Bezweckt wird, daß der Bast im Laufe einiger Wochen mürbe wird und zerfällt.

Nach fertiger Okulation kann der veredelte Wurzelhals wieder mit Erde angehäufelt werden. Es kommt dann erst im folgenden Frühjahr ein Austrieb. Im Garten ist es aber ebenso möglich, das Anhäufeln zu unterlassen. Man sieht dann besser, ob die Veredlung gelungen ist.

Bei Hochstämmen wird ebenso verfahren. Verwendet man alte Waldstämme, so kann die Okulation natürlich nur in die lösbare Rinde jüngerer Verzweigungen vorgenommen werden. Jüngere, grüne Stämme okuliert man direkt in die Stammrinde. Es genügt, ein einziges Auge einzusetzen. Einen schnelleren Kronenaufbau erzielt man jedoch, wenn in etwas unterschiedlichen Höhen an drei Seiten der Stämme jeweils ein Auge eingesetzt wird.

Noch zwei Punkte sind zu beachten. Hände und Messer müssen beim Veredeln sauber sein. Den Wurzelhals, in den das Edelauge eingesetzt werden soll, wischt man mit einem Lappen ab, damit keine Erde mehr anhaftet.

Auf das Wetter hat man keinen Einfluß. Zumeist ist die Temperatur im Juli/August aber so, daß die Edelaugen anwachsen. Das ist bei Temperaturen von zumindest 12 Grad der Fall. Bei kühlerem Wetter bildet die Rose schweren Wundkallus, und dann werden Okulationen problematisch.

Nicht vergessen darf man aber, daß der Saftfluß weiter in dem Wildling im Gang bleibt. Es müssen also die Blätter weitgehend geschont werden. Auch bei Hochstämmen darf man selbstverständlich die belaubten Wildzweige nicht abschneiden. Das macht man teilweise erst später vor dem Einwintern, und der Rest wird erst im nächsten Frühjahr entfernt, wenn die Edelaugen austreiben und selber Blätter bilden, mit denen eine Pflanze erst leben kann. Lediglich entfernt man von den Verzweigungen älterer Hochstämme die wilden Triebaugen, die im Lebenshaushalt einer Pflanze noch keine Funktion haben und für die Edelaugen nur eine Konkurrenz bedeuten würden.

Blühende Rosen zum Frühlingsbeginn

Man muß sich immer vergegenwärtigen, daß eine Rose nur aus dem vollen Wachstum heraus blühen kann. Ihre Knospen sitzen nicht schon über Winter wie bei Forsythien und Seidelbast an dem Holz, das im Jahr zuvor gewachsen ist. Eine Rose muß erst beblätterte Sprosse treiben, ehe sich Knospen bilden. Wachsen aber kann eine Pflanze nur mit Hilfe des Lichtes.
Die Voraussetzung für eine so zeitige Blüte ist erstens das ganze Himmelslicht der Monate ab Januar. Die ohnehin schwache Helligkeit darf aber nicht zur Hälfte von dunklen Bäumen oder von Mauern verschluckt werden. Zimmerfenster oder von Fenstern umgebene Erker sind ungeeignet, wenn nicht für zusätzliche Beleuchtung durch Leuchtstofflampen gesorgt wird. Am besten ist ein Gewächshaus, es kann durchaus primitiv sein.
Die zweite Voraussetzung ist eine höhere Temperatur, als sie zumindest bis Anfang März im Freien herrscht. Solange das Glashaus von der Sonne beschienen wird, bedarf es selbst im Januar einer zusätzlichen Heizung nicht. An trüben Tagen muß aber dafür gesorgt werden, daß in dem Glashaus eine Temperatur von 15 Grad vorhanden ist, und bei Nacht soll es möglichst nicht kälter als 10 Grad werden. Am einfachsten ist das Heizen mit elektrischem Strom. Es gibt billige Kabel, die in einem Mantel aus Blei oder Kunststoff liegen. Diese Kabel gibt es in verschiedenen Längen und mit Leistungen bis 2000 Watt. Man braucht die Kabel nur um zwei Bambusstangen zu wickeln, die jeweils an die Seitenwände des Gewächshauses gehängt werden. Es ist jedoch darauf zu achten, daß die Kabel aus Gummi und daß die Stecker gegen das Eindringen von Feuchtigkeit geschützt sind. Strom ist allerdings teuer. Gar so kostspielig wird aber die Rosentreiberei nicht, weil es erst im Januar losgeht und weil in zunehmendem Maß die Sonne das Heizen betreibt.

Drittens gehören die Rosen selbst dazu. Selten wird sie jemand in den glasüberbauten Grund und Boden setzen. Wer schon ein kleines Gewächshaus hat, der will es nicht nur für Rosen nutzen. Am einfachsten ist es, die Rosen in Container oder in große Blumentöpfe zu pflanzen. Das macht man am besten im Frühjahr, damit die Rosen in den Gefäßen viele Wurzeln bilden und sich entwickeln können. Genauso wie die Rosen im Gartenbeet werden die Topfrosen gegossen, gedüngt und vor Schädlingen sowie vor Pilzkrankheiten bewahrt. Man kann die Töpfe auch im Gartenboden einsetzen, dann sieht man sie nicht. Doch im August, spätestens Anfang September entzieht man ihnen nach und nach das Wasser. Gut ist es, die Töpfe aus dem Boden zu nehmen und einfach hinzulegen. Dann bekommen sie ein klein wenig Feuchtigkeit mit, aber nicht zuviel. Im November, bevor Frost einsetzt, kommen die Rosentöpfe in einen Schuppen, in die Garage oder sonst irgendwohin, wo es kalt (aber nicht frostkalt) ist. Mitte Januar schneidet man die Rosen ein wenig zurück, als ob Frühjahr wäre, und stellt sie unter das Glasdach. Es wird nichts schaden, vorher mit einem der vielen, überall erhältlichen Mittel gegen die Spinnmilbe zu spritzen. Bei mir sind auch ohne Spritzungen noch keine Spinnmilben aufgetreten. Wenn der Trieb einsetzt und Blätter wachsen, muß selbstverständlich in zunehmendem Maß gegossen werden. Die Tür oder die Luftklappen macht man auf, wenn die Sonne einmal zu sehr einheizt, was im März durchaus häufig der Fall sein kann. Bestimmt wird es auf diese Weise erreicht, zum Frühlingsanfang die ersten Rosen in Blüte zu haben.

Am empfehlenswertesten für das Kleingewächshaus sind die Garnette-Sorten, auch wenn die Blüten nicht ganz so groß sind. Selbstverständlich geht es aber auch mit Teehybriden, von denen man am besten typische Treibsorten nimmt. Ich selbst habe beste Erfahrungen gemacht mit 'Mainzer Fastnacht', 'Dr. A. J. Verhage' und 'Super Star'.

Schlußwort

Der Winter ist mild gewesen, aber nicht mild genug, um meine 'Maréchal Niel Rose' zu verschonen, die in ihrem Eichenholzkübel bis Ende Januar im Garten stand. Dafür gibt es in diesem Jahr erstmals eine Ernte vom Feigenbaum, der mit seinen im letzten Jahr angesetzten Früchten alle kalten Tage und Nächte überstand. An Rosenflor unter Glas war im April und im Mai dennoch kein Mangel. Am eifrigsten war die Floribundarose 'Belinda'. Freilich hat sie eine eigentümliche Farbe, man könnte an Apfelsinen denken. Doch der Duft ist einzigartig, und die abgeschnittenen Blumen, deren Blätter sich einzeln und ungemein charmant zurückrollen, haben länger als zehn Tage im Wasser gestanden, und dann erst sind sie verwelkt. Dasselbe beobachtete ich bei geschnittenen Blüten von 'Mainzer Fastnacht', die mir noch nie so gut gefiel wie in diesem Frühjahr. Ich habe schnell in meinen Sortenaufstellungen nachgeschlagen, weil ja noch immer Änderungen möglich wären. Doch zu meiner Beruhigung habe ich nichts Nachteiliges über 'Mainzer Fastnacht' geschrieben. Nur der Name gefällt mir nicht, die Engländer sagen 'Blauer Mond', das ist schöner.
Nach dem milden Winter folgte ein kaltes Frühjahr, doch die letzten Wochen vor Sommerbeginn waren warm und trocken. Und so gab es eine der fröhlichsten Rosenzeiten, die ich je erlebt habe. Wo an den Stadträndern wenige Tage zuvor noch kahle Bretterlauben und verrostete Maschendrahtzäune zu sehen waren, da hätte man Bilderbücher fotografieren oder einen Märchenfilm vom Dornröschen drehen können. Vor allem waren es die roten, gelben und weißen Kletterrosen, von denen die Zündkraft für den Blütensommer ausging. Nicht zu vergessen die unvergleichliche 'New Dawn' mit ihren Edelrosenblüten in zartem Rosa. Bei mir im Garten begann das Fest mit der *Rosa pimpinellifolia*, mit 'Marguerite Hilling' und vor allem mit der *Rosa rugosa* 'Parfum de l'Hay'. Der mehr als meterhohe und ebenso breite Busch war geradezu überschüttet von seinen dunkelroten, gefüllten, stark duftenden Blüten. Zugleich begannen die Centifolien und Moosrosen mit ihrem Flor. Leider müssen sie sehr eng stehen, weil es an sonnigen Plätzen mangelt und ja auch Tomaten, Blumenkohl, Sellerie und Porree im Garten herangezogen werden sollen. Und so sind die Ruten der »Hundertblättrigen« über zwei Meter lang

geworden. Doch bei Nacht fällt Tau. Auch die sich drängenden Blüten haben ihre Schwere. Und so werden die Ruten und Zweige auf elegante Weise heruntergebogen. Man kann den Rosen direkt in die fest zusammengedrehten Blätterkreise ihrer Gesichter hineinsehen.

Soeben erwähnte ich allerlei Gemüse und auch den Porree. Von ihm schätze ich am meisten die Sorte 'Winterharter weißer Elefant', weil mir der Name so gut gefällt. Auf den Namen ist es ebenso zurückzuführen, daß ich von den Möhren nur die 'Lange rote Stumpfe ohne Herz' aussäe. Und so muß ich gestehen, bei den Rosen auch von ihren Sortennamen beeinflußt zu werden. Gestehen muß ich weiterhin, absolut kein sogenannter Rosen-Narr zu sein. Auf die Frage, was meine liebste Blume sei, wüßte ich keine Antwort zu geben. Im Garten erfreuen mich meine Rhododendronsträucher unter den Lärchenbäumen ebenso wie die blühende Heide im Schnee, wie die Farne im Schatten, wie Astilben und Waldgeißbart, wie Apfelbäume, Beerenobststräucher und das bereits erwähnte Gemüse. Und selbstverständlich die Rosen. Es ist weiterhin nicht so, daß die meiste Zeit von mir im Garten zugebracht wird, ganz im Gegenteil, leider. Manchmal finde ich in der Woche kaum Zeit, um einen eingependelten Maulwurf zu verjagen und nach dem Zuwachs der Knollen für den Selleriesalat zu sehen. Deswegen muß ich über die pedantischen Ratschläge vieler Gartenbücher stets lächeln und an die Mahnung des Faust denken: Grau, teurer Freund, ist alle Theorie. Und deshalb habe ich diesen bescheidenen Beitrag über die Rosen so geschrieben, wie es mich die zugegebenermaßen oft rauhe Praxis eines Kunterbunt-Gärtners gelehrt hat. Es ist kein Rosenbuch, sondern ein Buch über Rosen.

Öffentliche Rosengärten in der Bundesrepublik Deutschland

Deutsches Rosarium, Dortmund, Westfalenpark. Auf Initiative des Vereins deutscher Rosenfreunde e. V. 1959 begründet. Bereits heute die umfangreichste von allen Rosensammlungen.
Rosengarten in Zweibrücken. Besonders bemerkenswert ist die vollendete Gestaltung dieses Gartens und sind die Vergesellschaftungen der zahllosen Rosensorten mit Blütenstauden.
Insel Mainau im Bodensee. Es gibt zwei Bereiche. Der »Italienische Rosengarten« ist mit Floribundarosen und Teehybriden, Büschen und Hochstämmen bepflanzt.

Einmalig ist die »Straße der Wildrosen« mit allen Strauch- und Wildrosen, die überhaupt aufzutreiben waren und sind.
Rosengarten in Uetersen/Holstein. 1934 geschaffene, sehr umfangreiche Sammlung von alten und neuen Sorten.
Gönner-Anlage an der Lichtentaler Allee in Baden-Baden. Architektonisch streng mit Hecken gegliederter Garten, in dem u. a. die bei den Internationalen Neuheiten-Wettbewerben in Baden-Baden hoch bewerteten Sorten zu beobachten sind.
Rosen im Schau- und Sichtungsgarten Weihenstephan bei München.

Rosenbücher

Rosenbücher habe ich nicht sehr viele. Fünf von ihnen schätze ich am meisten:

Wilhelm Kordes: Das Rosenbuch. Anzucht, Pflege, Verwendung der Rose. 10. Auflage. Verlag M. & H. Schaper, Hannover 1971.
Alma de l'Aigle: Begegnung mit Rosen. Hanseatische Druckanstalt GmbH, Hamburg-Wandsbek, 1957. (Das persönlichste und feinsinnigste von allen Rosenbüchern).
Oskar Scheerer: Rosen in unserem Garten. BLV Verlagsgesellschaft mbH, München 1969.
Dietrich Woessner: Buch der Rosen. 4. Auflage, Verlag Huber, Frauenfeld und Stuttgart 1967.
Dietrich Woessner: Probleme mit Rosen. Ursachen von Wachstumsstörungen und Maßnahmen zur Vorbeugung und Behebung. Verlag: Gesellschaft Schweizerischer Rosenfreunde, 1972.

Wertvolle Informationen, und nicht nur über die eigenen Sorten, befinden sich in den Katalogen einiger Rosen-Baumschulen:

W. Kordes' Söhne, Sparrieshoop/Holstein
Mathias Tantau, Uetersen/Holstein
Strobel & Co., Pinneberg/Holstein (Sorten der Universal Rose Selektion)
Rosen-Union, Steinfurth/Hessen

Christian Fey, Meckenheim bei Bonn
Richard Huber, Dottikon/Schweiz (größtes Sortiment, auch von Rosen aus früheren Zeiten).
Ernst Wohlt, Pinneberg. Liste der alten Rosensorten.

Jahrbücher und Vierteljahresschriften des Vereins deutscher Rosenfreunde e. V., Baden-Baden

Bildquellen

Farbfotos

Fürstenberg: Seite 21 unten rechts, 54 unten links, 85, 96, 127

Gräflich Bernadotte'sche Park- und Gartenverwaltung Insel Mainau: Seite 17, 21 oben rechts + unten links, 29 oben links + unten links und rechts, 32 unten links und rechts, 54 unten rechts, 89, 115, 119, 123

Hanisch: Seite 29 oben rechts, 32 oben links und rechts, 55, 59 oben links und rechts, 63, 81

Maltusch-Mattern: Seite 21 oben links, 54 oben links und rechts, 59 unten links und rechts

Schwarzweißfotos

Archiv VDR: Seite 52, 57 unten, 66, 75, 77, 103
Fürstenberg: Seite 18, 40, 71, 91, 92, 98, 99, 130
Hahn: Seite 42, 45, 46, 47, 50, 57 oben, 61, 73, 93
Hanisch: Seite 64
IGA Hamburg 53 (Reinecke): Seite 117
Jesse: Seite 10, 69
Meilland: Seite 78
Plösser: Seite 2

Zeichnungen alle vom Verfasser